Ser o No Ser:
Ese es el Dilema
en Puerto Rico

Ser o No Ser: Ese es el Dilema en Puerto Rico

❖

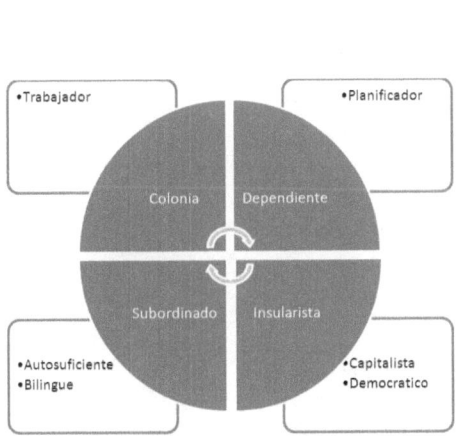

Guillermo González MD

Número de Control de la Biblioteca del Congreso de EE. UU.:   2014903378
ISBN: Tapa Dura   978-1-4633-7937-7
                         Tapa Blanda   978-1-4633-7936-0
                         Libro Electrónico   978-1-4633-7935-3

Este libro fue impreso en los Estados Unidos de América.

Fecha de revisión: 02/04/2014

Para realizar pedidos de este libro, contacte con:
Palibrio LLC
1663 Liberty Drive
Suite 200
Bloomington, IN 47403
Gratis desde EE. UU. al 877.407.5847
Gratis desde México al 01.800.288.2243
Gratis desde España al 900.866.949
Desde otro país al +1.812.671.9757
Fax: 01.812.355.1576
ventas@palibrio.com
522851

ÍNDICE

INTRODUCCIÓN

La razón primordial para escribir este libro es la de buscar las razones por las cuales Puerto Rico sufre y ha sufrido de un estatus colonial por los pasados 520 años. Quiero hacer claro que a lo que me refiero cuando hablo del estado colonial presente es a la condición en Puerto Rico de estar sometidos y subordinados a la Constitución de los EEUU, las leyes del Congreso, las órdenes presidenciales y las decisiones del Tribunal Supremo de los EEUU sin participación efectiva y democrática en sus procedimientos, dictámenes y órdenes de parte de los puertorriqueños. Este es un hecho irrefutable. Puerto Rico está bajo esta condición de subordinación, sometimiento y jurisdicciones desde la firma del Tratado de Paz en París, firmado entre España y los EEUU el 10 de Diciembre de 1898 y proclamado en Washington por el Presidente de los EEUU de América, William Mckinley, el 19 de Abril de 1899 para terminar con la Guerra Hispanoamericana. Dispone dicho tratado:

Artículo II

España cede a los Estados Unidos la Isla de Puerto Rico y las demás que están ahora bajo su soberanía en las Indias Occidentales y la Isla de Guam en el Archipiélago de las Marianas o Ladrones.

Artículo IX

Los súbditos españoles, naturales de la Península, residentes en el territorio cuya soberanía España renuncia o cede por el presente tratado, podrán permanecer en dicho territorio o marcharse de él, conservando en uno u otro caso todos sus derechos de propiedad, con inclusión del derecho de vender o disponer de tal propiedad o de sus productos; y además tendrán el derecho de ejercer su industria, comercio o profesión, sujetándose a este respecto a las leyes que sean aplicables a los demás extranjeros. En el caso de que permanezcan en el territorio, podrán conservar su nacionalidad española haciendo ante una oficina de registro, dentro de un año después del cambio de ratificaciones de este tratado, una declaración de su propósito de conservar dicha nacionalidad: a falta de esta declaración, se considerará que han renunciado dicha nacionalidad y adoptado la del territorio en el cual pueden residir. Los derechos civiles y la condición política de los habitantes naturales de los territorios aquí cedidos a los Estados Unidos se determinarán por el Congreso.

Puerto Rico fue una posesión colonial de España desde su descubrimiento en el segundo viaje de Cristóbal Colon el 19 de Noviembre de 1493. Desde entonces, fue gobernado por gobiernos militares españoles al mando de la monarquía española, excepto por un período breve en 1897 donde el gobierno constitucional prevaleció sobre la monarquía en España. En ese entonces Puerto Rico contó con cierto grado de autonomía, pero nunca tuvo un gobernador puertorriqueño durante el dominio colonial de España sobre Puerto Rico. Desde el año 1898, la población de Puerto Rico está ciega y sumisamente subordinada a las disposiciones de los EEUU. Sólo se cuenta con un representante de Puerto Rico, sin voto efectivo en el Congreso de los EEUU y los puertorriqueños no tienen el derecho a votar por el presidente de los EEUU a pesar de la subordinación a sus decretos y órdenes. Este hecho de subordinación ciega de Puerto Rico hacia los EEUU ha sido admitido y se encuentra en los registros del Congreso de los EEUU en las minutas del Comité de Energía y Recursos Naturales del Senado en la reunión celebrada Agosto 1, 2013. Según el registro público de esta reunión:

Opening Statement of Chairman Ron Wyden on Puerto Rico's political status, August 1, 2013.

I welcome our witnesses. This morning the committee will hear testimony on the results of last November's vote on Puerto Rico's political status, and on the President's response.

Puerto Rico has been an "unincorporated" territory of the United States since the conclusion of the Spanish-American War, 115 years ago.

After 115 years, it's clearly time for Puerto Rico to determine what political path it will take.

The question of whether Puerto Rico should become a state or a sovereign nation – and whether there are other options – defines much of the political debate today on the islands.

Puerto Rico faces huge economic and social challenges. Per capita income is stuck at about half that of the poorest U.S. state and the violent crime rate are well above the national average, and rising.

The lack of resolution of Puerto Rico's status not only distracts from addressing these and other issues, it contributes to them.

As the most recent report from the President's Task Force on Puerto Rico's Status found, "identifying the most effective means of assisting the Puerto Rican economy depends on resolving the ultimate question of status."

Ninety-five years after receiving U.S. citizenship, Puerto Ricans have achieved leadership in the U.S. military, in business, in the Congress, on the Supreme Court and in many other prestigious positions.

But for Puerto Rico to meet its economic and social challenges and to achieve its full potential, this debate over status needs to be settled.

Puerto Rico must either exercise full self-government as a sovereign nation, or achieve equality among the States of the Union.

The current relationship undermines the United States' moral standing in the world. For a nation founded on the principles of democracy and the consent of the governed, how much longer can America allow a condition to persist in which nearly four million U.S. citizens do not have a vote in the government that makes the national laws which affect their daily lives? That is the question.

Today, the committee will hear testimony about the most recent effort to resolve the status question, last November's vote.

I expect to hear two vastly different views about what the results of the vote mean.

However there is no disputing that a majority of the voters in Puerto Rico – 54 percent – have clearly expressed their opposition to continuing the current territorial status.

Given that fact, I agree with the President's proposal to resolve this dispute through a federally sponsored referendum.

I also agree that the ballot question should be reviewed by the Department of Justice to ensure that the options are not inconsistent with the Constitution, laws, and policies of our country.

Justice Department review is essential to ensuring that the proposed "new commonwealth" status, or a proposal with similar features, will not be on the ballot.

The "New Commonwealth" option continues to be advocated as a viable option by some. It is not.

Persistence in supporting this option after it has been rejected as inconsistent with the U.S. Constitution by the U.S. Justice Department, by the bipartisan leadership of this Committee, by the House, and by the Clinton, Bush, and Obama Administrations undermines resolution of Puerto Rico's status question.

The rejection of the current territory status last November leaves Puerto Rico with only two options: statehood under U.S. sovereignty, or some form of separate national sovereignty.

The federally sponsored vote should be simple and straightforward and reflect these two choices.

Today, we will hear from the presidents of Puerto Rico's three principle political parties – Governor Padilla of the 'Commonwealth' Party, Resident Commissioner Pierluisi of the Statehood Party, and former Senator Berrios of the Independence Party.

The full written statements of all witnesses will be entered into the record and I ask each of you to summarize your oral remarks to not more than five minutes.

Traducción al español;

Declaración del Presidente Ron Wyden de apertura sobre el estatus político de Puerto Rico, 01 de agosto de 2013

Doy la bienvenida a nuestros testigos. Esta mañana el Comité escuchará testimonios sobre los resultados de la votación del noviembre pasado sobre el estatus político de Puerto Rico y la respuesta del Presidente. Puerto Rico ha sido un territorio "no-incorporado" de los Estados Unidos desde la conclusión de la guerra hispanoamericana, hace 115 años. Después de 115 años, es claramente la hora para Puerto Rico determinar qué camino político tomará. La cuestión de si Puerto Rico debe convertirse en un estado o una nación soberana y si hay otras opciones–define gran parte del debate político hoy en las islas. Puerto Rico enfrenta enormes desafíos económicos y sociales. El ingreso per cápita está atascado en aproximadamente la mitad que el estado más pobre de los Estados

Unidos y la tasa de crímenes violentos está muy por encima de la media nacional y subiendo. La falta de resolución del estatus de Puerto Rico no sólo distrae de abordar estas y otras cuestiones, que contribuyen a ellos. Como el más reciente informe del Task Force del Presidente sobre el estatus de Puerto Rico encontró, "identificar los medios más eficaces de ayudar a la economía puertorriqueña depende de resolver la cuestión del estatus final". Noventa y cinco años después de recibir la ciudadanía estadounidense, los puertorriqueños han logrado un liderazgo en el ejército estadounidense, en los negocios, en el Congreso, la Corte Suprema y en muchas otras posiciones prestigiosas. Pero para que Puerto Rico pueda cumplir sus desafíos económicos y sociales y para que pueda alcanzar su máximo potencial, este debate sobre el estatus tiene que resolverse. Puerto Rico debe ejercer plena autonomía como una nación soberana o lograr la igualdad entre los estados de la Unión. La relación actual socava la autoridad moral de los Estados Unidos en el mundo. Para una nación fundada en los principios de la democracia y el consentimiento de los gobernados, ¿cuánto tiempo más puede América permitir una condición de persistir en que casi 4 millones de ciudadanos americanos no tienen un voto en el gobierno que hace las leyes nacionales que afectan a su vida diaria? Esa es la pregunta. Hoy, la Comisión escuchará testimonio sobre el más reciente esfuerzo para resolver la cuestión del estatus, la votación del noviembre pasado. Espero oír dos visiones muy distintas sobre lo que significan los resultados de la votación. Sin embargo no hay ninguna impugnación que la mayoría de los votantes en Puerto Rico–54 por ciento–han expresado claramente su oposición a continuar con el actual estatus territorial. Teniendo en cuenta ese hecho, estoy de acuerdo con la propuesta del Presidente para resolver este conflicto a través de un referéndum patrocinado por el gobierno federal. También estoy de acuerdo en que la cuestión de la boleta debe ser revisada por el Departamento de Justicia para garantizar que las opciones no son incompatibles con la Constitución, las leyes y políticas de nuestro país. Revisión del Departamento de Justicia es esencial para garantizar que la propuesta "ELA mejorado" de estatus, o una propuesta con características similares, no estará en la boleta electoral. La opción "Nuevo Commonwealth" continúa siendo defendida por algunos como una opción viable. No es. Persistencia en apoyar esta opción después de que ha sido rechazado como incompatible con la Constitución de los Estados Unidos por el Departamento de Justicia de los Estados Unidos, por el liderazgo bipartidista de este Comité, por la Casa de Representantes, y por las administraciones de Clinton, Bush y Obama socava la resolución de la cuestión del problema del estatus de Puerto Rico. El rechazo del estatus presente territorial en el noviembre pasado deja a Puerto Rico con sólo dos opciones: un estado bajo soberanía de los Estados Unidos, o alguna forma de soberanía nacional independiente. La votación patrocinada por el gobierno federal debe ser sencilla y clara y reflejar estas dos opciones. Hoy, escucharemos los presidentes de los tres partidos políticos principales en Puerto Rico—el gobernador Padilla del partido

'Commonwealth', Pierluisi, el Comisionado Residente del partido por la estadidad y Berrios, ex senador del partido de la independencia. Las declaraciones por escrito completa de todos los testigos serán introducidas en el registro y pido a cada uno de ustedes para resumir su intervención oral a no más de cinco minutos.

Es claro que para los norteamericanos que el estado territorial de Puerto Rico subordinado a los dictámenes federales es una vergüenza para los norteamericanos, pues debilita a nivel internacional su posición de defensores de la democracia y la participación efectiva del pueblo y sus ciudadanos en su gobierno. Pero si alguna razón existe para que por los pasados 116 años hayamos estado sometidos y subordinados a un poder unilateral y no democrático se lo debemos primordialmente a ellos en Washington. Esto es así; pues sólo el Congreso tiene el poder de hacer cambios al gobierno de Puerto Rico y su relación con los EEUU. Nunca en la historia de la relación entre Puerto Rico y los EEUU, así descrita legalmente por el Tratado de París, desde 1898 y hasta el presente nunca el Congreso, quien es la autoridad suprema sobre Puerto Rico, ha auscultado el sentir de sus 3.7 millones de habitantes, quienes son oficialmente ciudadanos de los EEUU desde Marzo 2 del 1917 con la firma del Acta Jones, sobre su sentir respecto a esta condición de subordinación no democrática en la relación entre ambos países.

Es correcto mencionar también que nunca antes senadores en el Congreso con tanta autoridad sobre Puerto Rico hayan públicamente admitido, para el registro, el estado de subordinación no democrática ni participativa de los puertorriqueños, ciudadanos americanos viviendo en Puerto Rico, en el gobierno que diseña las leyes que rigen sus vidas. No hay que buscar mucho para encontrar y reconocer que si hemos sido colonia por los pasados 116 años es por obra y gracia de los EEUU y Washington. Desde ese punto de vista, el motivo principal de escribir este libro se cumplió. Esto es el de buscar las razones para explicar cómo toda una población de seres humanos inteligentes hayan sido y continúen siendo sometidos por los pasados 520 años a un sistema político de relaciones nacionales proscrito por la comunidad internacional como lo es el colonialismo.

Desde el punto de vista socio- político, está meridianamente claro que el que no participa no es responsable del estado de situación final colonial; pero desde el punto de vista humano en las relaciones humanas ambos lados comparten responsabilidad, colonizado y colonizador. Ante la opresión gubernamental, los oprimidos siempre tienen la opción de rebelarse. Los EEUU propiamente se rebelaron contra la opresión colonial de los ingleses en los años 1775- 1783. ¿Cómo se explica que los puertorriqueños todavía tratan de perpetuar este estado de subordinación y autoridad unilateral de un país a otro? Esto es muy difícil de explicar dentro de una perspectiva de razonabilidad, inteligencia y principios de justicia social. Me motiva a escribir este libro el ofrecer una perspectiva psiquiátrica de este problema complejo de la vida de los puertorriqueños por los pasados 520 años.

A nadie le debe de extrañar que exista algún problema psicológico en los puertorriqueños que explique este estado de subordinación permanente ante los colonizadores españoles y los norteamericanos. El motor de la historia y del desarrollo de las sociedades es el de esta constante lucha contra los estados de subordinación social, individual y nacional que no están enmarcados dentro de los principios más avanzados de justicia social. La persistencia de este estado de injusticia social contra los puertorriqueños me lleva a pensar que existen razones en la personalidad del puertorriqueño que refuerzan la persistencia de esta sumisión, subordinación y sometimiento a actos de injusticia social durante tan largos años. ¿Cuáles son los factores en el puertorriqueño necesarios de corregir y cambiar para que se dé el cambio social político, hacia un sistema de mayor participación ciudadana en las leyes que rigen sus vidas? Ese es el problema psicológico que me planteo y espero contestar para ustedes al final de este libro. ¿Qué deben hacer y qué no deben hacer los puertorriqueños para aceptar y resolver de una vez por todos los retos de la descolonización de Puerto Rico?

La descolonización del sistema socio-político de Puerto Rico, sólo tiene dos soluciones; la Soberanía Nacional o la estadidad como un estado de la Federación de los Estados Unidos de América. El principal obstáculo para la resolución de este conflicto reside en Washington, quien tiene la última palabra en el estatus final que regirán las relaciones entre Puerto Rico y los EEUU. Sin embargo, el intento y llamado de los senadores D-Ron Wyden y R- Lisa Murkowski hacia los tres líderes políticos en Puerto Rico, el gobernador Alejandro García Padilla, el Comisionado Residente Pedro Pierluisi y el presidente del Partido Independentista Puertorriqueño Rubén Berrios, de llegar entre los puertorriqueños a un consenso descolonizador será enfrentado con severa resistencia y oposición de parte de los puertorriqueños. Yo postulo que esta situación de resistencia irracional y paradójica contra los principios evolutivos de las sociedades democráticas de parte de los puertorriqueños es causada y tiene sus raíces y razones en el comportamiento patológico, evolutivo y mal adaptativo contra los vicios e injusticias creadas por el propio sistema colonial en Puerto Rico durante los pasados 520 años. Por esta razón este conjunto patológico de comportamientos mal adaptativos, pero funcionales en un sistema disfuncional, los he descrito como la personalidad colonizada del puertorriqueño. Mi hipótesis científica es que este tipo de personalidad colonizada en los puertorriqueños ha perpetuado y mantenido el sistema colonial en Puerto Rico y será necesaria de modificar para que eventualmente se dé un proceso de descolonización en Puerto Rico que nos ponga al día a nivel internacional dentro de las corrientes más avanzadas de las evoluciones de las sociedades democráticas. Para examinar mi hipótesis de manera sistemática y científica, tuve el haber y conocimiento, en base de mis años de experiencia en las observaciones del comportamiento humano con especialidad en el comportamiento de los puertorriqueños, de diseñar una escala para la observación de la personalidad colonizada. La publicación la hice en el año 2007 bajo el título de "Los Trajes del Gobernador". La escala de observación es necesaria para implementar la técnica investigativa de la observación participe. La observación participe es una técnica aceptada científicamente para el estudio del comportamiento humano y el estudio del comportamiento de las diferentes sociedades. Consiste esta técnica en definir con antelación a la participación del investigador los aspectos específicos de las variables que serán objeto del estudio y la observación. Estas definiciones aparecen descritas como entidades definidas, discretas y específicas de un comportamiento descrito en la escala en intervalos de cinco gradaciones del comportamiento a observar.

En este libro estaré usando esa escala de observación de la personalidad colonizada para describir en detalle y profundidad y con data de observaciones diarias del comportamiento de los líderes políticos, tanto de Puerto Rico como de los EEUU y de los puertorriqueños en general, los comportamientos y las conductas específicas que ayudan a perpetuar la continuación de la subordinación territorial colonial de Puerto Rico y aquellos otros comportamientos que serán necesarios de cambiar para lograr tener éxito en la solución del problema de descolonización de Puerto Rico. Yo he dedicado muchos años a la observación del comportamiento de los líderes políticos en Puerto Rico para así evidenciar y hacer deducciones e inferencias sobre la personalidad del puertorriqueño. Los líderes son representativos de la comunidad a la cual representan. Usando una escala de observación dirigida sobre la personalidad colonizada, así definida en la escala, he corroborado la presencia de la personalidad colonizada en la mayoría de los líderes políticos al presente en Puerto Rico. Permitiéndome así hacer la inferencia de que la personalidad colonizada es prevalente en la mayoría de los puertorriqueños en varios grados de intensidad. Atender estas tendencias conflictivas en la personalidad del puertorriqueño antes de decidir por el proceso de descolonización será un requisito básico para habilitar el proceso de descolonización en la Isla del Encanto.

Mi hipótesis en este libro y este estudio es de que en aquellos que favorecen el estado colonial, abiertamente o soslayadamente, la personalidad colonizada predomina. En aquellos que se inclinan y favorecen el proceso de descolonización de Puerto Rico, lo contrario de la personalidad colonizada, así expresado en la escala, predomina. La recolección de la data para aceptar o descartar mi hipótesis de que es necesario dejar de actuar como colonizados para poder lograr la descolonización de Puerto Rico la obtuve con miles de interacciones casi diarias a través de escritos, artículos y diálogos sostenidos en la prensa puertorriqueña y norteamericana. En cada uno de los próximos capítulos verán en su inicio la descripción específica de la variable a observar dentro de la escala sobre la personalidad colonizada y luego verán las observaciones recogidas a través de mi interacción participe en cientos de escritos en la prensa que sustentan la presencia de la personalidad colonizada y su responsabilidad en perpetuar el estado colonial de Puerto Rico por los pasados 520 años.

Mi expectativa es la de que al finalizar la lectura de este libro, la mayoría de ustedes validen mi hipótesis de que la personalidad colonizada es parte causal de la historia de 520 años de colonización en Puerto Rico. También es mi expectativa de que ustedes también validen de que para que se dé un proceso de descolonización en Puerto Rico, será necesario un proceso de transformación de la personalidad del puertorriqueño hacia la personalidad no colonizada en las direcciones que específicamente yo describo con la escala de la personalidad colonizada.

Ser o No Ser colonizado es el dilema crítico del puertorriqueño en el siglo 21.

CAPÍTULO UNO

Ser o no ser Colonia

Número Uno

Somos una colonia; un territorio no incorporado de los EEUU gobernado mediante decretos presidenciales y leyes elaboradas en el Congreso sin nuestra participación de acuerdo al informe del grupo del trabajo del Presidente Obama para Puerto Rico de Marzo de 2011. Dejar de ser colonia significa buscar la participación efectiva y justa en la elaboración de las leyes que rigen nuestras vidas. En ausencia de esta identidad legal y soberanía sobre nuestras vidas, los puertorriqueños presentan como rasgo fundamental de su personalidad un conflicto de identidad individual y nacional. La ausencia de soberanía ha causado que los puertorriqueños no sepan claramente lo que define la identidad puertorriqueña. Es una especie de mogolla sin saber lo que somos; latinoamericanos, negros, blancos, indios, puertorriqueños, españoles o norteamericanos. El conflicto de identidad es en la dirección de ser autor o sumiso subordinado al poder del Congreso y las leyes que nos gobiernan. Puerto Rico nunca en su historia de 520 años ha sido un país soberano. La razón de este conflicto está directamente causal con la relación colonial puertorriqueña por los pasados 520 años con España y los Estados Unidos. Este conflicto se presenta a nivel individual como una negación o una aceptación de la realidad colonial del territorio de Puerto Rico de los Estados Unidos.

En la escala de observación de la personalidad colonizada, diseñada por este autor, este conflicto de identidad y falta de soberanía aparece representado en la dimensión número uno que a continuación describimos.

La dimensión número uno se refiere al grado de contacto con la realidad histórica y socioeconómica de Puerto Rico en el individuo.

La personalidad colonizada se caracteriza por el individuo que desea la continuación del *status-quo,* o la continuación de la colonia territorial de los Estados Unidos de América.

La personalidad no colonizada se caracteriza por el individuo que desea cambiar el *status* territorial de Puerto Rico hacia los Estados Unidos. El individuo busca tener participación en la elaboración de las leyes que los rigen. También busca control de su vida y el sistema social que vive. Reconoce la nacionalidad puertorriqueña independientemente de la preferencia por la solución del estado colonial como entidades diferenciables y distintas.

1	2	3	4	5
Negación de La realidad Territorial de Puerto Rico	Mayor negación que aceptación de la realidad territorial	Ambivalencia ante la realidad territorial	Mayor aceptación que negación de la realidad territorial	Aceptación de la realidad territorial

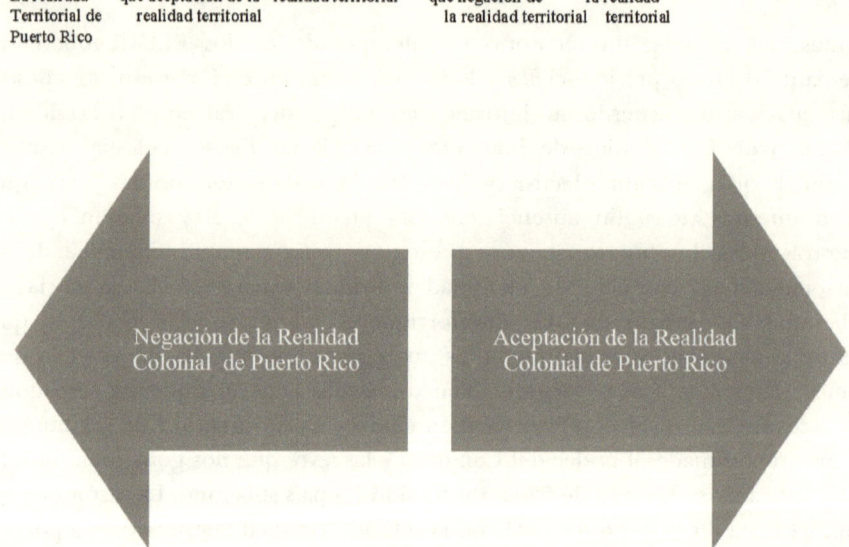

Negación de la Realidad Colonial de Puerto Rico   Aceptación de la Realidad Colonial de Puerto Rico

Con la colonización y falta de poderes soberanos en favor del territorio y los ciudadanos de Puerto Rico, ha sido imposible desarrollar propiamente una identidad nacional en Puerto Rico. El típico puertorriqueño no existe. Nunca en nuestra historia nosotros como pueblo hemos aceptado la responsabilidad única de nuestro sustento individual y nacional. Esto ha castrado el desarrollo de la personalidad y la identidad propia del puertorriqueño. La personalidad del puertorriqueño no la define su preferencia por tal o cual fórmula política. Sólo confunden todos aquellos quienes dicen que sólo es puertorriqueño si se es independentista. Esta actitud dramática de igualar lo que define la persona como equivalente a una preferencia de status u otra es otra manifestación de la ausencia de criterio propio interno y pensamiento crítico en la personalidad del colonizado. Se es lo que es, por atributos prioritariamente internos y secundariamente por las relaciones externas al individuo. Los puertorriqueños son personalidades que han sido condicionadas con el carimbo divisionista del invasor para así mantener su poder supremo sobre la colonia. Tan colonizados son los independistas rabiosos como los jaibas estadolibristas y los fanáticos estadistas. Todos son activos cómplices del divisionismo y fanatismo de la política, estilo Los Tres Chiflados que nos caracteriza.

Desde 1898 hasta el presente inclusive, Puerto Rico ha sido y es gobernado por el Congreso de los EEUU, fundamentado en el Tratado de París de 1898. Puerto Rico no es un estado, sino un territorio no incorporado de los EEUU, gobernado por el Congreso bajo la cláusula territorial de la Constitución de los EEUU en su Artículo IV, Sección III. Los que digan algo distinto son unos mentirosos e ignorantes de las realidades legales de la población que vive en la Isla. En 1900 con el Acta Foraker, el Congreso le organizó a nuestra población un gobierno civil con mínima participación de los puertorriqueños. El Acta Jones del 1917 amplió esa participación con dos cámaras legislativas y mayor participación en el gobierno para los puertorriqueños. En 1952, con la creación del ELA, la participación se amplió permitiéndonos la elección del gobernador de Puerto Rico por primera vez en nuestra historia.

Todavía el gobernador de Puerto Rico está subordinado a la autoridad del Congreso de los EEUU, con ciertos limitados poderes revocables por el Congreso cuando les venga en gana, sobre el funcionamiento de la sociedad puertorriqueña. Puerto Rico NO tiene gobierno propio y la Constitución NO fue de la aprobación del pueblo de Puerto Rico, sino del Congreso que nos permitió hacerla a imagen y semejanza de la de los EEUU y explícitamente subordinada a la autoridad del Congreso de los EEUU y su constitución, sin soberanía nacional. En Puerto Rico no hay gobierno propio ni administración de turno; sólo papagayos obedientes de manera sorda y muda a la autoridad de la Constitución de los EEUU y del Congreso bajo su cláusula territorial. Ni existe estado propiamente ni ciudadanía puertorriqueña. Tampoco existe reconocimiento internacional del estado de Puerto Rico o la ciudadanía puertorriqueña. Afirmar lo contario ha sido el opio del colonizado contento en Puerto Rico.

Dice el refrán "él que calla, otorga". Él que no quiere hacer cambios en la relación entre Puerto Rico y los EEUU está consintiendo con el hecho de que Puerto Rico le pertenece a los EEUU según el Tratado de París de 1898 como un territorio gobernado bajo la Constitución de los EEUU bajo la cláusula territorial. En otras palabras, una población sometida y subordinada al Congreso de los EEUU. Los populares son colonialistas y alcahuetes del Congreso que no se quejan ni quieren cambiar el status colonial mientras se les envíen los fondos federales y los dineros del ron sin pagar impuestos federales por el ingreso personal. En este arreglo se benefician solo unas pocas de familias y no el pueblo. El problema con este arreglo, cosa que se dan cuenta los soberanistas del PPD, es que el gobierno de Puerto Rico no tiene el poder de modificar las leyes del Congreso que regulan los procesos económicos en la Isla y que, con sus limitaciones, estamos en una depresión económica por los pasados ocho años. Los colonialistas del PPD actúan como aquel que dice "ojos que no ven, corazón contento". No ven al Congreso ni al Presidente en la Isla y aparentamos que nos gobernamos nosotros y no ellos a nosotros. Mientras tanto, todos en el Partido Demócrata de los EEUU se han dado cuenta y lo han expresado en la plataforma oficial del partido norteamericano que el estancamiento económico de PR se debe a su status territorial, aka colonial. Pasa como el cuento del cuernú, que es el último en enterarse de que le ponen los cuernos.

La personalidad colonizada está presente en todos; estadistas, independentistas, estadolibristas y soberanistas que viven contentos con el status colonial de ser parásitos (sin contribuir al tesoro federal por los ingresos individuales), sumisos obedientes y subordinados (al poder supremo de los EEUU) colonizados contentos. Algo que no cambia con dejar de ser colonia es la actitud de muchos de ser obedientes cobardes sumisos subordinados colonizados. Estos son rasgos de personalidad; no son atributos de los sistemas económicos. No todos los esfuerzos habrán que dedicarlos a cambiar sólo el sistema económico colonial, sino también serán necesarios cambios en esa personalidad colonizada que nos ha permitido tolerar el yugo colonialista como obedientes sumisos resignados colonizados por los pasados 520 años. Sin duda alguna, hay que aceptar que el problema colonial está en el meollo de nuestros problemas económicos. Sin embargo, también hay que considerar las consecuencias nefastas que este problema colonial tiene en la personalidad del puertorriqueño. La personalidad colonizada se caracteriza por su dependencia, falta de amor al trabajo, falta de respeto a la propiedad privada y, sobre todo, por desconocimiento y negación de sus realidades socioeconómicas e históricas. Somos una economía pobre, endeudados hasta las teleras y no competitiva en el mercado global.

Por primera vez, tenemos la oportunidad de definir las condiciones para el cambio de status; pues el Congreso todavía no ha dicho lo que es aceptable para ellos. Solo hemos oído un lado; el de los partidos políticos que definen fantasiosamente lo que quieren sin estudios objetivos que lo sustenten; todos los partidos políticos le mienten al pueblo. Se acabarán las mentiras y será el Sr. Eric Holder, Secretario de Justicia Federal, el encargado para desenmascarar a los mentirosos. Es necesaria una confrontación entre el ELA y la estadidad según definidas por el Departamento de Justicia Federal de los EEUU, no de la definición unilateral y ciega de los sumisos obedientes subordinados líderes de los partidos políticos en Puerto Rico. De esta manera, sabremos a ciencia cierta cuántos colonizados contentos viven en Puerto Rico. La ONU rechaza el estado de subordinación política de Puerto Rico hacia los EEUU. Sin embargo, ningún gobierno en funciones, PNP o PPD, nunca ha hecho lo propio. En el pasado, ninguna administración gubernamental ha tenido los pantalones para rechazar este estado de subordinación colonial ante el Tribunal Supremo de los EEUU; buche y plumas no más son todos. Los pueden poner a todos en un saco y tirarlos al mar y no perdemos nada. Aquí las leyes vienen enlatadas desde el Congreso de los EEUU. La legislatura es un negocio de ventas de influencias y favores políticos. Estos que hablan de balance de poderes a lo único que se refieren son al poder de repartirse primero el bacalao para su beneficio personal. Puerto Rico está al borde de la quiebra y se lo debemos a estos mequetrefes con sus movidas incompetentes.

"La Gran Mentira" es que Puerto Rico no es una colonia que le pertenece a los EEUU. Esta es la gran fantasía de la mayoría de puertorriqueños. Los políticos aparentan control, escondiendo la realidad de la sumisión y subordinación a los dictámenes del Congreso de los EEUU. Mantienen la actitud de confundir con realidades y diferencias inexistentes entre ellos, escondiendo su dependencia de los federales. De esta manera, mantienen su aparente e ilusoria relevancia a los intereses del pueblo. En realidad, todos son unos obedientes cobardes sumisos subordinados colonizados. También tratan de manipular al pueblo con el sólo propósito de instalarse en el poder y adelantar sus intereses personales. La política en Puerto Rico es el mejor negocio; claro está, después del negocio de venta de drogas. Estas son las únicas dos industrias actualmente mejor rentables en la economía colonial. El Sr. Rafael Hernández Colón, ex gobernador de Puerto Rico, es el símbolo incquívoco del colonizado contento defendiendo en el blog del Congreso, The Hill, que el esclavo colonizado puertorriqueño tiene derecho a la permanencia de su esclavitud colonial como parte del proceso de autodeterminación política. Para él, no es importante decidir y diseñar las leyes que rigen el comportamiento de los puertorriqueños, mientras ellos, los EEUU, sigan el mantengo colonial y los puertorriqueños sin pagar impuestos federales y ninguna intromisión del IRS.

El motor de la historia y las sociedades es el conflicto. Por los pasados 520 años, el conflicto principal de la sociedad puertorriqueña es el colonialismo. Donde un gobierno en otro país remoto, España o los EEUU, hacen las leyes que rigen el diario vivir de otro país pequeño, Puerto Rico. Obviar el principal conflicto social en Puerto Rico, el colonialismo, es consentir con las políticas de "divide e imperas" del imperialismo internacional. La única concertación posible de la sociedad puertorriqueña es contra el colonialismo. Sólo existen dos caminos posibles; la soberanía nacional o la estadidad. Tenemos que abandonar la pelea pequeño, trivial, infantil, irrelevante y no productivo y todos juntos luchar por hacer una realidad las alternativas descolonizadoras. Mientras continuemos ignorando la validez descolonizadora de una u otra fórmula o las ignoremos a ambas, continuaremos con en la ley de la selva de la colonia como perros flacos y rabiosos peleándonos por un hueso flaco; el colonialismo.

Es soberbia e ignorancia crasa del colonizado viviendo en Puerto Rico; ni la Carta Magna ni la Constitución de Puerto Rico son la ley suprema aquí. La ley suprema en Puerto Rico es el Tribunal Supremo y la Constitución de los EEUU. El colonizado vive negando su realidad para ocultar su dolor y vergüenza de la subordinación inherente a ser una colonia. Todo es un circo para hacernos creer maliciosamente de que en Puerto Rico hay gobierno propio cuando bien saben que los puertorriqueños NO son los que mandan más en Puerto Rico. Existe una gran diferencia entre el capitalismo y el sistema colonial de Puerto Rico. En la colonia, el capitalismo es unilateral contra la colonia sólo para el beneficio de los EEU. Las leyes son diseñadas allá sin control efectivo de nosotros. Los EEUU tratan de compensar el monolítico control de la economía de la colonia de Puerto Rico con ayudas fedérales y subsidios en sustitución de la libre empresa de un país diferente que no controla sus leyes como supremas. En la colonia de Puerto Rico no existe la libre empresa. No controlamos la economía, ni el comercio, ni la moneda y tampoco las relaciones internacionales. Las acciones monopolísticas de los EEUU hacia la colonia de Puerto Rico son disfrazadas con una administración monopolística del gobierno local contra la libre empresa y un sobre control de nuestra economía interna con monopolios gubernamentales como lo son la energía AEE, el agua AAA, la trasportación y los puertos. Si los EEUU pecan de falta de controles al sistema capitalista, nosotros pecamos de demasiados controles gubernamentales contra la libre empresa, cuasi-socialistas.

Mientras los colonialistas contentos estén en el poder, no habrá cambios al status político de Puerto Rico. Ningún partido político actúa de manera racional. Todo es una pelea irracional al estilo de Los Tres Chiflados que nos entretiene y mantiene ocupados sin estudiar objetivamente las opciones descolonizadoras. Todo es gritos a ciegas sin conocer los fundamentos de cual opción el pueblo puede costear, independencia o estadidad. El ELA lo pagan los norteamericanos. Es la mediocridad lo que guía y domina el debate del status en la Isla. Es esa misma mediocridad administrativa de todos los gobernantes en Puerto Rico la cual forzará un estudio por el Congreso sobre nuestras alternativas políticas y económicas cuando lleguemos a la chatarra. El Congreso no le debe nada al PPD. Si quieren seguir con el ELA, esta vez será gobernado por el gobierno federal con una sindicatura. Está ocurriendo con la Policía de Puerto Rico. Aunque lo nieguen, los federales dirigen la Policía y los sopla potes locales tendrán que llevar a cabo el plan federal. La mentira colonial al pueblo de Puerto Rico de que somos un estado libre y asociado será desenmascarada por el Congreso de los EEUU. Se acabaron las mentiras de los políticos con el pueblo.

El color es lo de menos en nuestros partidos políticos. Lo que tienen todos en común nuestros gobernadores coloniales es el ELA. El ELA ha tenido la llamada ventaja de la independencia fiscal; traducido al español, no estar regidos directamente por el IRS. El gobierno del ELA ha sobrevivido no en base de la producción nacional, sino mediante las ayudas de subsidios federales como la 936 y los bonos de gobierno, triplemente exentos de impuestos en los EEUU, federal, estatal y local. Con su triple exención de impuestos, los rendimientos son muy altos comparándolos con los otros gobiernos estatales para los inversionistas. Si les quitas las ayudas federales y la exención de impuestos al ELA, estaríamos peor que Haití. La economía de las colonias no está basada en su producción nacional. Ahora, con un endeudamiento gigante de $70 billones y una contracción de la economía por los pasados ocho años, los inversionistas se cuestionan la capacidad de repago de la deuda del ELA. Tanto el PPD como el PNP, son responsables por la gigante deuda del ELA hacia los bonistas norteamericanos. Por esta razón es que el crédito del ELA para fines prácticos es chatarra según el Wall Street Journal. Ahora es que se separan los colonizados contentos de los no colonizados mentalmente. Todos tienen en la mira la capacidad del ELA de salir de la depresión económica de los presentes y pasados ocho años. Este es el momento de producir eficientemente; se le secó la leche a la tetita colonial. Con un 40% de participación en la fuerza laboral que va en decrescendo, una tercera parte de la población viviendo de un gobierno no productivo y una tercera parte de la gente viviendo de cupones y ayudas federales, el aumento de la producción nacional parecen sueños de colonizados contentos.

Eso de mentirle al pueblo diciendo que Puerto Rico es un estado libre es un embuste. Puerto Rico es un territorio que le pertenece a los EEUU y no tienen identidad de nación ni estado. Tampoco tienen representación internacional como un estado o nación. Los estadolibristas son eunucos que pretenden decir que tienen lo que no tienen y muchos les creen como al papagayo. El ELA solo es libre con la independencia; solo entonces será verdaderamente un estado libre. Llegó el momento de decidir entre la estadidad y la independencia con o sin asociación con los EEUU, pero si como un estado libre con clara identidad nacional a nivel internacional. El cuento de la posición de centro del PPD quedará al descubierto como una mentira con la definición del Departamento de Justicia Federal. Se verá como una actitud retrograda de ultra derecha a favor del colonialismo. Se hace claro que el presidente Obama no está dispuesto a tolerar bajo su incumbencia como Presidente de los EEUU la permanencia indefinida del colonialismo. El hecho de oír la posición del representante de campaña del Presidente Obama en Puerto Rico que va en la dirección de claridad y corrección de términos de lo que es aceptable para el Departamento de Justicia Federal sobre la relación política entre Puerto Rico y los EEUU llena de esperanzas para la descolonización de Puerto Rico. No se puede en estos tiempos seguir engañando a un pueblo con términos ambiguos, contradictorios y llenos de falsedades. Si el pueblo de Puerto Rico quiere unión permanente con los EEUU, tendrá que optar por la estadidad. El Presidente Obama lo puso por escrito en su informe sobre Puerto Rico diciendo que desde 1898, con la firma del Tratado de París, Puerto Rico es y ha sido gobernado mediante decretos presidenciales y leyes elaboradas por el Congreso. La gran mentira es el ELA que no es un estado, no es libre y no tiene contrato de asociación porque no tiene la capacidad jurídica para hacerlo.

En el ELA se nos paga a los puertorriqueños para que consintamos con el colonialismo otorgando exenciones contributivas y subsidios a quienes no lo necesitan y se roban nuestras riquezas a cambio de prebendas. Prebendas que se reparten los políticos entre ellos y sus allegados; al pueblo le tocan las sobras de la pobreza. El ELA es lo contrario de puertorriqueñidad, lo contario de orgullo nacional y de producción nacional. Nos creemos lo mejor del mundo no pagando contribuciones y recibiendo ayudas federales sin trabajar, aparentando pobreza intelectual y material. El ELA es un ardid que usa el capitalismo norteamericano para perpetuar su posesión territorial colonial en un punto estratégico en el Caribe. El ELA debe de estar excluido en cualquier y toda consulta plebiscitaria en Puerto Rico sobre el status del Archipiélago de Puerto Rico en su relación con los EEUU. Por los pasados 520 años, hemos sobrevivido como colonizados gracias a la personalidad colonizada en nosotros. La personalidad colonizada propende a continuar el colonialismo en Puerto Rico y entorpece el proceso de descolonización. Veremos cuántos individuos, una vez claramente definido el ELA como colonial, votarán por seguir siendo colonia. No se puede subestimar este hábito de la personalidad colonizada en los puertorriqueños. No tienen el derecho de continuar como colonizados sumisos obedientes y subordinados al poder del Congreso de los EEUU sobre Puerto Rico. A los EEUU y los partidos políticos les ha convenido históricamente más el ELA, pero no al pueblo de Puerto Rico. La creación del Estado Libre Asociado no es sino una expresión de la cobardía y falta de confianza en el pueblo de Puerto Rico de hacer posible su progreso basado en un pueblo unido trabajando y estudiando para superar la pobreza existente. La pobreza no es una condición para avergonzase; la vergüenza se da cuando no se hace nada para superarla.

Sin informarlo públicamente al pueblo de Puerto Rico, pero si al pueblo norteamericano a través de AP (Associated Press), el gobierno federal invade la supuesta jurisdicción e independencia fiscal del supuesto estado libre con su comité asesor, estilo asesores militares a ejércitos incompetentes. Los de aquí continúan su falta de transparencia y aparentan públicamente de que los federales están aquí porque el PPD y AGP (Alejandro García Padilla) se los pidieron. Hasta que no se atienda esta clara falta de transparencia de la realidad social política e histórica de Puerto Rico, cualquier pedido de transparencia administrativa es otra acción encubridora de la falta de transparencia de toda una comunidad de individuos contra todo un pueblo sobre la perspectiva macro-social e histórica de la situación real de la colonia de Puerto Rico. A estos males le añadimos desgracia al seguir encubriendo la realidad de la presente crisis fiscal y de que el ELA está al borde de la chatarra y probablemente en bancarrota económica. Sin casi no darnos cuenta de que estamos en un estado de sindicatura económica federal es eufemístico al menos y claramente suprema e impositiva las órdenes del presidente Obama sobre Puerto Rico. En nuestra realidad política colonial, el Presidente no tienen que pedirle permiso a nadie parar hacer lo que está haciendo. El ELA es un estado se sumisión y subordinación total, ciega y muda ante la autoridades supremas federales.

Los federales vienen a Puerto Rico cuando les parece y se van cuando les dé la gana y a nadie les dan explicaciones. Los de aquí no saben quién viene primero o después ni cuál es la agenda de trabajo. Para ser esto un pedido de asesoría de parte del gobierno local hacia el federal, resulta no creíble la falta de control e inherencia del proceso de los locales y más bien sumisos subordinados mudos colonizados contentos. No hay dignidad ni orgullo propio; lo de aquí lo hacemos mejor está debajo de la alfombra. Es espeluznante la ignorancia del colonizado en Puerto Rico. Están aquí porque Wall Street se dio cuenta de que no existe gobierno propio ni autonomía fiscal en la Isla. Eso de país extranjero con el ELA es un embuste y de irse a la bancarrota la responsabilidad estará en Washington por falta de supervisión y auditoria en el manejo de las finanzas de su territorio. Tratan de revivir al muerto del ELA con una dosis de emergencia de primeros auxilios tardíos. Pronto se darán cuenta de que la producción nacional no crecerá por culpa de ellos y sus leyes elaboradas en el Congreso sin participación efectiva de sus subordinados colonizados contentos. Veremos cuán inteligentes son estos asesores y cuánto habrá de acuerdo con sus recomendaciones en su informe de Marzo de 2011. Por más que lo escondan, apesta a colonia mal administrada y pobremente supervisada. En la colonia de Puerto Rico, las leyes que regulan la actividad económica, su moneda e intercambio comercial son diseñadas sin efectiva participación de los puertorriqueños por los norteamericanos en el Congreso de los EEUU. Esas leyes se ajustan a las necesidades de los estados y no a las de los territorios; ejemplo de esto son las leyes de cabotaje. No todo cambia dejando de ser colonia, pero muchas cosas fundamentales y necesarias para el desarrollo económico de Puerto Rico definitivamente cambiarán.

Ha sido incompetencia del PNP de no seguir los consejos iniciales del Grupo de Trabajo del Presidente Obama sobre el proceso decisional del estatus de

Puerto Rico para enfrentar las alternativas separatistas de las anexionistas; esto es estadidad vs. ELA y libre asociación vs. Independencia. Esto es lo que nos mantiene en el limbo político. Los problemas apremiantes en Puerto Rico - la depresión, la contracción de la economía por los pasados 8 años, la pobre educación, la altísima criminalidad, la corrupción en todos los niveles sociales, el pobre acceso a los servicios de salud por miles - son causados por el ELA. El ELA es el ordenamiento gubernamental que consiente, asiente, se somete y se subordina ciegamente y mudamente sin participación justa y proporcional al Congreso de los EEUU bajo la cláusula territorial de la Constitución de los EEUU. Los presidentes Clinton, Bush, Obama, el Congreso de los EEUU repetidamente, el partido Demócrata de los EEUU, últimamente Ron Wyden, el presidente de la Comisión de Energía y Recursos Naturales del Senado norteamericano, y el Tribunal Supremo de los EEUU en los casos insulares han dicho claramente que Puerto Rico no tiene gobierno propio y tiene que subordinarse a las decretos del Presidente, las leyes del Congreso, la jurisprudencia del Tribunal Supremo y, por sobre todo, a la Constitución de los EEUU. La solución a todos nuestros problemas es adquiriendo gobierno propio que solo se obtiene con la soberanía nacional o en igualdad de gobierno con los estados con la estadidad.

Sólo hay dos maneras de revolucionar las estructuras presentes en Puerto Rico. Primero, con la soberanía nacional, asumiendo el auto-sustento propio con ayudas federales por tiempo limitado - al estilo hecho con la Micronesia, Palau y las Islas Marshall - con un contrato de libre asociación con los EEUU. La segunda opción sería la estadidad remplazando el gobierno de los mediocres locales por el gobierno federal, pagando contribuciones federales y eliminando las estatales. En el presente, NADIE en Puerto Rico cree que podemos ser autosuficientes económicamente para pagar por la independencia de Puerto Rico de los EEUU. Esto no es cuestión de amor u odio, sino dólares y centavos. ¿Quién es el primer valiente que se atreve a decir que con sólo la ciudadanía puertorriqueña, no con la americana e independientes de los EEUU, seremos capaces de competir exitosamente e internacionalmente en la economía global y en qué áreas del mercado mundial? Bienvenidas sean las opiniones.

La historia de Puerto Rico es maravillosa y paradójica simultáneamente. Le ha tocado al PPD, el creador, atender en primera fila la crisis moribunda del ELA como ordenamiento social en Puerto Rico. El déficit actuarial de los Sistemas de Retiro lo que dice es que se ha ofrecido $3.5 billones en beneficios, pero no se dispone del dinero para pagarlos al presente. Este es el segundo capítulo de las administraciones gubernamentales fracasadas; primero fue la Autoridad de Puertos con el Aeropuerto Luis Muñoz Marín. Pero los fracasos continuarán; le siguen los maestros, los jueces, los fiscales, los abogados, los contratistas, empleados de confianza y, en demás, todo Puerto Rico. Las casas acreditadoras

Finch, Standard & Poor's y Moody's nos tratan de ayudar a entender los problemas intrínsecos a nuestra economía, pero el producto bruto nacional, esto es nosotros mismos, nos empañamos el entendimiento. La evaluación tan baja del crédito en Puerto Rico no sólo es por la magnitud de la deuda nacional. También incluye la pobre perspectiva de salir del proceso recesionario de los pasados ocho años para así poder pagar las deudas. También nos critican por la falta de control de los procesos económicos en la Isla porque somos colonia sin control de nuestros procesos económicos. Pronto presenciaremos el ELA yéndose a la bancarrota como la única solución para la insolvencia económica del Gobierno de Puerto Rico. "Réquiem al ELA".

Es patética la situación del esclavo contento en Puerto Rico. El Congreso le pone un grillete al gobierno de AGP cuando obliga a pagarles a los bonistas primero que al pueblo y él orgulloso del grillete impositivo lo pregona en la televisión nacional. Sale en la televisión nacional ufanándose del grillete y asegurándoles a los inversionistas que él tiene un grillete puesto que lo obliga a pagarles primero a ellos que al pueblo y él está impotente de cambiarlo. El senador de los EEUU con más poder sobre Puerto Rico, Ron Wyden, se lo dice cara a cara a AGP y ahora el Washington Post lo publica a los cuatro vientos: **LOS PROBLEMAS ECONÓMICOS DE PUERTO RICO SON CAUSADOS POR EL STATUS COLONIAL DE LA ISLA.** La ignorancia es rampante en los colonizados en Puerto Rico sobre el sistema de gobierno federal de los EEUU. El Congreso es la máxima autoridad sobre Puerto Rico. Puerto Rico es gobernado bajo la cláusula territorial de la Constitución de los EEUU. El Comité del Congreso de los EEUU con la mayor autoridad sobre Puerto Rico es el Comité de Energía y Recursos Naturales quien atiende principalmente los asuntos de los territorios; alias los recursos naturales de los EEUU - Puerto Rico. El Senador Ron Wyden es el Presidente de dicho Comité. Él es, en otras palabras, la máxima autoridad sobre Puerto Rico en el Congreso. Por primera vez, el Presidente de dicho Comité hace claro que el ELA territorial y el ELA mejorado son rechazados por el gobierno supremo de los EEUU. Fue más allá al decir que insistir en defender el ELA socava el proceso de solución de estatus colonial de Puerto Rico. La verdadera falta de transparencia en la gestión pública es la gran mentira de que Puerto Rico es un estado libre que está asociado a los EEUU. Puerto Rico es un territorio que le pertenece a los EEUU en virtud del Tratado de Paz entre España y los EEUU firmado en París en el año 1898. Es una vergüenza de que tanta gente inteligente encubra esta patética realidad al pueblo de Puerto Rico. Se entretienen con las pequeñas mentiras, consienten y asienten ciegamente al encubrimiento de la esclavitud moderna del colonialismo de todo un pueblo. Lo que realmente es patético es ver al gobernador presentarse al Congreso y defender la idea de que Puerto Rico no es un mero territorio. Hizo el hazmerreír al decir que la jurisprudencia del Tribunal Supremo de los EEUU contradecía la opinión del Senador Ron Wyden quien tiene la jurisdicción suprema sobre todos los asuntos de Puerto Rico. Se quedó sin palabras, o mejor decir sin más mentiras, cuando otro senador le preguntó si en el ELA mejorado el Congreso y sus leyes no seguirían teniendo el control supremo de la Isla.

Zombis al son de la anestesia para caballos; así son el populismo gubernamental y el colonialismo paternalista de los EEUU para con Puerto Rico. En el 1898, la Marina de los EEUU invadió a Puerto Rico y, desde entonces, estamos subordinados al Congreso de los EEUU quien tiene históricamente oídos sordos y anestesiados para escuchar el sentir del pueblo de Puerto Rico. A nivel macro, la anestesia de caballo son estos políticos nuestros que no aceptan estar fuera de la esfera de control de nuestra isla. Como zombis, gobierno tras gobierno se someten a los dictámenes unilaterales de un Congreso que le importa un bledo los mulatos de la isla del espanto. Un pueblo que aunque le dice no a la colonia en noviembre 6, 2012 simultáneamente elige a los colonizados contentos para administrar el gobierno de Puerto Rico. Ellos dicen no haber oído a todo un pueblo decirle NO a la colonia. Un pueblo de zombis que le permite al criminal por malo que sea tener derecho absoluto a la fianza y que está contento con el número de legisladores zombis que dicen tener gobierno propio cuando el gobierno está en el Congreso. Un pueblo que en su mayoría no trabaja y abandona la Isla en números alarmantes por miedo a que una bala entre gangas de narcotraficantes le ciegue la vida. Un pueblo que vive como zombis tolerando el baile, la botella y baraja de nuestros gobernantes con los dineros del pueblo. Si 520 años de aceptación sumisa y subordinadamente del colonialismo en Puerto Rico no nos define como un pueblo de zombis, nada lo hará.

Wall Street se está dando cuenta ahora de que Puerto Rico NO tiene gobierno propio. La admisión del presidente del Senado de Puerto Rico, Eduardo Bhatia, de que el Tribunal Supremo de Puerto Rico puede ser revocado por el Tribunal Supremo Federal es una admisión implícita de que Puerto Rico es una COLONIA de lo EEUU. Gobernado Puerto Rico bajo la cláusula territorial de la Constitución de los EEUU, ellos tienen la potestad de suplantar el gobierno del ELA por lo que ellos quieran. Quizás por ignorancia o quizás por jaibería del colonizado contento, no se quiere entender que sumar ingresos al gobierno con mayores impuestos de la Ley 40 no significa mayor producción nacional y crecimiento económico en Puerto Rico. Eso es lo que está en juego. Los sueños del PPD son el retorno de la 936, el mantengo corporativo, que va en contra de las políticas de Obama de que los ricos paguen más para sufragar a los pobres norteamericanos; sueño de perro flaco.

Después de que este gobierno federal patológico y disfuncional se ponga de acuerdo con un presupuesto nacional y se acuerde subir el margen prestatario del gobierno de los EEUU, lo que viene es un gobierno federal en Puerto Rico donde el gobierno de Puerto Rico en su totalidad será monitoreado, supervisado y regido por el Congreso y el Presidente de los EEUU. Ya pasó en la Policía de Puerto Rico; próximo será el gobierno colonial del ELA. El gobierno de Puerto Rico, por incompetentes en ambos partidos políticos de la Isla, está experimentando una disminución progresiva de gobierno propio suplantado por el gobierno Federal. Nosotros, como sumisos cobardes subordinados colonizados contentos, no acabamos de decidir entre la independencia o la estadidad como solución de la crisis actual del gobierno del ELA para así adquirir poder para gobernarnos. El acuerdo consensual que nuestros representantes políticos ante el Congreso nunca han hecho es el de reclamar al unísono el derecho de decidir soberanamente los puertorriqueños nuestro estatus político. A todos les entra las canilleras ante el colonizador y nos ponemos a pelear entre nosotros mismos como los tres chiflados. Todos se esconden detrás de un "slogan" para esconder el miedo a decidirnos, de una vez y por todas, si queremos ser parte o independientes de los EEUU con o sin un arreglo de asociación mutua. La indecisión nos mantiene como sumisos cobardes colonizados y a los EEUU dueños del territorio. Los políticos guisando y el pueblo empobrecido.

Obama en 2011dijo que Puerto Rico le pertenece a los EEUU desde 1898 con el Tratado de París y desde entonces es gobernado por los EEUU mediante decretos presidenciales y leyes del Congreso de los EEUU. El Gobernador y el PPD en su plataforma de partido dicen que no es así y no debería ser así. Ahora, Obama dice que habrá cortes en el presupuesto federal que afectarán a los maestros y a otros empleados públicos con el secuestro del presupuesto federal y AGP dice que no. ¿A quién debemos de creer? El Gobernador decía que el aeropuerto va para la privatización, pero Perelló y Vega decían que NO. Ni los de su propio partido están de acuerdo con él. Prometió el legislador ciudadano en sustitución al corte del número de legisladores propuesto por el PNP. Ahora lo de legislador ciudadano se ha convertido en los empleos a tiempo parciales mejor pagados en Puerto Rico. ¿Dónde está el ahorro? Todos dicen que el sistema colonial colapsó excepto AGP y el PPD. Tendremos que esperar que Standard & Poor's nos declare la chatarra para el ELA y así salir de este sueño colonial Le salió el tiro por la culata a la campaña de Puerto Rico, la Estrella del Caribe, de AGP. La estrella en la Isla estrellá es el joven puertorriqueño emigrante a los EEUU en busca de una mejor calidad de vida, seguridad, educación de excelencia y oportunidad de acumular riquezas. La vida te trae sorpresas, sorpresas te trae la vida. La realidad traiciona hasta al mejor demagogo.

En Noviembre 6 del 2012 fue la primera vez que una mayoría de 54% de puertorriqueños votantes les dijimos NO al status presente. Hasta ese momento nos hemos comportado como sumisos subordinados colonizados contentos.

Mentirosos son los que afirman que Puerto Rico no es una colonia y que tiene gobierno propio e independencia fiscal. Aunque en Noviembre 6, 2012 el 54% de los votantes se expresaron contra el estatus territorial, no hubo una preferencia mayoritaria por ninguna otra definición. En términos absolutos la estadidad y el ELA quedaron empatados con una ligera ventaja de unos 6 mil votos más para la estadidad. Del total de votos en las elecciones en Noviembre 6 del 2012 en Puerto Rico, el 44.39% fueron a favor de la estadidad y el 44.07% fueron a favor del ELA. No por mucho pero la estadidad le ganó al ELA. Por primera vez en nuestra historia la estadidad le ganó al ELA. Sin embargo, la diferencia entre los colonialistas y lo estadistas es mínima con una primera vez en la historia de Puerto Rico la estadidad le ganó al ELA por el hocico. Lo del PNP y el PPD sólo es un juego de cantinfladas con la interpretación de los resultados de las elecciones en Noviembre 6 del 2012 en Puerto Rico. Por primera vez en nuestra historia la preferencia por la estadidad le ganó al ELA con 834,191 votos contra 828,077 votos. Con una diferencia de solo 6,114 votos, la estadidad no es una clara preferencia del electorado. Como tradicional en nuestra historia, el PPD no dice lo que quiere; sólo dice lo que no quiere - la estadidad. El congresista Ron Wyden tiene la razón al decir que no hubo una clara ventaja de ninguna fórmula de status. Al examinar el total de votos, el 44% fueron para la estadidad y el 44% para el ELA en Noviembre 6. El problema es que todavía hay muchos colonialistas contentos en Puerto Rico. Son muchos los que quieren seguir recibiendo las ayudas federales sin pagar impuestos federales por el ingreso personal aunque esto conlleve ser sumisos, obedientes subordinados colonizados ante el Congreso de los EEUU. Somos nosotros los que no tomamos la decisión final de dejar de ser colonia de los EEUU. Si nos dejamos llevar por los resultados de las elecciones celebradas el 6 de Noviembre de 2012 en Puerto Rico, de los populares sólo hay un 16% que siguió las instrucciones de dejar en blanco la segunda pregunta del plebiscito y el resto de los populares aparente y alegadamente prefieren el ELA soberano al colonial. La posición del Presidente Obama es clara para mí; el respeta nuestro derecho como puertorriqueños a la propia autodeterminación política. Su responsabilidad prioritaria es claramente definir las alternativas. Será un plebiscito revelador y abre ojos las definiciones reales federales del Estado Libre Asociado. Que no es estado y nunca en nuestra historia lo hemos sido, tampoco es libre. Pues, nunca hemos sido independientes; siempre unidos al cordón umbilical de la Madre Patria. Legalmente, con el ELA sólo somos un bonche de mulatos en una grave situación económica que vive en un territorio norteamericano. Somos nosotros los que tenemos que decidir lo que queremos; colonia, libre asociación, estadidad o independencia. Quiénes deben de ser meridianamente claros en definir sus expectativas de cambio y las responsabilidades que acarrean su particular solución para el status son los representantes de los partidos políticos en Puerto Rico. Estos tradicionalmente aparecen grabadas sus actuaciones en el Congreso de los EEUU peleándose entre ellos como los tres chiflados puertorriqueños.

Los resultados de las elecciones plebiscitarias en Puerto Rico en Noviembre 6, 2012 son claras y definitivas; la colonia (ELA) y la estadidad resultó empate. De un total de votantes de 1, 878,969, un 44.39% (834,191) votaron por la estadidad. De ese mismo total de votantes, un 44.07% (828,077) le dijeron sí al ELA territorial. Decir lo contrario es demagogia. La Casa Blanca está consciente de esta realidad; en Puerto Rico hay tantos colonizados contentos como estadistas. Cambiar o no el estatus de Puerto Rico es algo que la mayoría de los puertorriqueños dice querer, pero no convencen. Ahora los colonizados contentos reclaman que cualquier consulta tiene que ser vinculante con tan sólo la expresión de una de las partes, el esclavo colonizado. Esta posición es absurda pues nunca la opinión de los puertorriqueños ha valido un centavo ante el Congreso. Pues desde 1952, los puertorriqueños validamos el estado colonial con mayoría de votos. La insistencia de que el Congreso actúe de acuerdo a esta votación es irracional e infantil de parte de nuestros políticos; pues simultáneamente el pueblo eligió a los colonialistas para gobernar, votando a la vez en contra del sistema colonial del ELA. Todo fue un voto contradictorio. Ponemos a gobernar a los defensores del ELA mientras que le decimos que NO mayoritariamente. He ahí un ejemplo de la indecisión colonizada de ser o no ser colonia según reflejada mediante el voto popular en las elecciones de Noviembre 6 del 2012. El tranque de este empate estadístico será el tostón a resolver en el referéndum propuesto por el Presidente Obama y que hará historia siendo la primera vez que el Congreso ausculta el parecer de sus sumisos subordinados colonizados. Aparte de la tradicional lucha primitiva troglodita partidista, es importante mencionar el cambio de la CIA, Central Intelligence Agency, sobre Puerto Rico disponible en el internet. La nueva es que de acuerdo al plebiscito del 6 de Noviembre de 2012, la agencia entiende que Puerto Rico abrió la puerta hacia la estadidad.

Con la espalda seca o mojada, el Congresista Young ha sido un oído atento y dispuesto a resolver el problema colonial de Puerto Rico. Ojalá que de su endoso o tinta surja un proyecto auspiciado por el Congreso de los EEUU y dirigido a acabar con la situación territorial colonial. De una vez y por todas, debemos de decidir si queremos la estadidad o un verdadero Estado Libre Asociado independiente con todo lo que implican específicamente ambas alternativas. Es tiempo de decidir. El problema grande para los no colonialistas es que ninguno sabe lo que el Congreso esté dispuesto a dar y exigir al otorgar - la independencia, la estadidad o el ELA soberano. La alternativa más cara para los EEUU es la estadidad para Puerto Rico. Próximamente se sabrá el costo; pues se hará público el estudio de los costos hecho por la oficina de gerencia y contabilidad federal (GAO). Mientras tanto con los colonialistas en el poder y con el déficit fiscal federal, dudo que muchos congresistas estén dispuestos a pagar por la estadidad para Puerto Rico. En síntesis, los populares les tienen miedo al plebiscito de Obama. Se tratan de esconder con la Asamblea Constituyente, así como lo hace Rubén Berrios, porque los obliga a definirse y especificar sus promesas que tienen que ser compatibles con la jurisprudencia y la Constitución de los EEUU. Se esconden detrás de la AC porque ahí el Congreso no dice ni ji y todos ellos pueden seguir mintiéndole al pueblo con sus falsas promesas de compensaciones y poder de veto al colonizador; sueños de un colonizado contento. Gracias a sus cabilderos y al ex presidente del PPD, el Sr. Ferrer, el propuesto plebiscito será entre la independencia, la estadidad, el ELA territorial y el ELA soberano, pero con las definiciones de Washington.

En Washington, el ELA (Commonwealth) es territorial, aka colonia, con sus beneficios federales decrecientes que recibirá en el futuro debido a la ley del secuestro del presupuesto federal. El ELA soberano es independencia con la pérdida de la ciudadanía americana en próximas generaciones y la responsabilidad del auto-sustento propio. Tendrán que mendigar por ayudas federales más de lo que hacen ahora; pues serán soberanos y con pretensiones de que son capaces de auto-sostenerse. La estadidad estará condicionada a todas las exigencias y estatutos de la Constitución de los EEUU con sus obligaciones y las que conllevan el pago de impuestos federales. Estaremos obligados a abdicar la soberanía nacional ante la federal. El gobierno federal tendrá preponderancia y los gobernantes locales tendrán que saber hablar inglés y la mayoría verá sus posiciones desaparecer ante los federales. Buena oportunidad para botar tanta batata política; proceso que ya comenzó con el Departamento de la Policía de Puerto Rico. La independencia conllevará auto-sustento, pérdida de la ciudadanía americana, obligación al pago de la deuda nacional y pérdida de las ayudas federales. Pues se entiende que un reclamo de independencia presupone una capacidad de auto-sustento. En todo este ejercicio de participación ciudadana cuando muchos de nosotros participamos en el voto de las preguntas plebiscitarias en Noviembre 6, 2012, lo que se hace claro es que todos en Puerto Rico queremos que nuestra voz cuente en el diálogo y rechazamos conversaciones amañadas a cuartos obscuros como las probables que ocurran en una Asamblea Constituyente. Fue precisamente la nefasta Asamblea Constituyente celebrada en 1952 en Puerto Rico la causal responsable de la debacle económica de la Isla al presente con su fórmula del ELA, Commonwealth. Para luego en 1959, Muñoz y Fernós trataron de cambiar infructuosamente las disposiciones de los acuerdos contraídos entre Puerto Rico y los EEUU resultados de la Asamblea. Otra Asamblea Constituyente es perpetuar un sistema probadamente fracasado en resolver nuestro problema de estatus. Nunca el Congreso de los EEUU ha hecho real nuestro derecho como nación a decidir nuestro futuro político. Sólo el Congreso de los EEUU tiene el poder de hacer una realidad legal nuestro derecho a decidir nuestro estatus. Una

Asamblea Constituyente sin la supervisión federal no tendrá ningún impacto en el Congreso. Todo acuerdo tendrá que ser revisado y aprobado por el Congreso ya que nosotros no tenemos la autoridad de decidir como pueblo nuestro status permanente lo cual nos define como una colonia.

Fue precisamente Lisa Murkowski, aliada de los populares, quien incluyó el ELA territorial en la papeleta federal plebiscitaria en el HR#2499 para definir el status de las relaciones políticas entre Puerto Rico y los EEUU. Ahora, esos mismos populares están halándose las greñas porque los van a obligar a escoger entre el ELA colonial o el ELA soberano. El 6 de Noviembre del 2012, el 54% de nosotros le dijimos NO al ELA territorial. La Asamblea Constitucional es sólo un gesto desesperado del PPD de conseguir la aprobación del ELA con ese 46% de colonizados subordinados sumisos cobardes y contentos. El ELA mejorado es un engaño de un partido a todo un pueblo. El presidente del Comité de Energía y Recursos Naturales del Senado de los EEUU, Ron Wyden, describió al ELA como causal de nuestros problemas económicos, de criminalidad y detrimento a la moral de los valores democráticos de los EEUU ante el mundo al ser una condición que deprava a 3.7 millones de puertorriqueños inherencia en las leyes que rigen nuestras vidas diarias. No se necesita una Asamblea de Status para saber que la solución es simple. Sólo existen tres posibles soluciones - libre asociación, estadidad o independencia - todas con posible período de transición. La libre asociación es independencia con relación pero independiente de los EEUU. Esa asamblea es sólo un ejercicio fútil y estéril de aquellos que no han estudiado a profundidad las definiciones del proceso de descolonización. Esa es otra cantinflada más del PPD. Aquí lo importante es luchar contra la colonización y por todas las alternativas descolonizadoras, estadidad o soberanía nacional. Estas son las únicas dos maneras de Puerto Rico renegociar la deuda nacional propiamente sin pedir permiso al Congreso. Si difícil para los EEUU es darle la estadidad a Puerto Rico debido a sus costos, más difícil es darle la independencia con la pérdida de los billones de dólares de su mercado cautivo donde muchas de sus compañías hacen más dinero en Puerto Rico que en los demás estados de la Unión. La economía de Puerto Rico es más grande que la de 24 de los estados de los EEUU. Los negocios no se hacen para perder. Los colonizados contentos son un bonche de acomplejados que no conocen sus realidades económicas y nacionales. Puerto Rico hace suficiente dinero para ser atractivo como un estado, pero si tienen algo de gratis, ¿Por qué pagar? Ese es el dilema del Congreso.

La Asamblea Constitucional en 1952 no sirvió de nada hasta que el Congreso de los EEUU la modificó y la aprobó. Cualquier asamblea que nosotros hagamos no cuenta ni para pool ni para banca si no es lo que el Congreso defina para nosotros. Es sólo un lamento de la impotencia del colonizado de controlar sus destinos. Al igual que el PNP, el PPD hacen aguajes politiqueros para pretender que hacen algo por sus ideales. Todos le tienen miedo al Congreso. La única Asamblea Constituyente que pudiera tener algún impacto definitivo en el Congreso es una que declare la independencia de Puerto Rico de los EEUU. Entonces y sólo entonces, el Congreso estará en la obligación de negociar con el gobierno de Puerto Rico. Creo que no llega a 5% de los populares que tengan los pantalones en su sitio para declarar la independencia de Puerto Rico y sentarnos a negociar de tú a tú con el Congreso y no de arrodillados sordomudos cobardes subordinados colonizados con el ELA. El Sr. Cox Alomar admite que el sistema de la Isla colapsó, "la camisa de fuerza se llama Estatuto de Relaciones Federales y en específico la aplicación a Puerto Rico de la Cláusula de Comercio Interestatal". Por lo tanto, corresponde reclamar la independencia fiscal y administrativa de las finanzas del gobierno de Puerto Rico contra el Congreso de los EEUU. Si verdaderamente tienen los pantalones en su sitio, tienen que demandar en el Tribunal Supremo de los EEUU por el derecho del pueblo de Puerto Rico hacia su auto-determinación política. Ya es tiempo de decidir si queremos ser un país independiente o parte de los EEUU. La estadidad es sólo una de dos posibles alternativas para restructurar la deuda nacional desde Puerto Rico. La otra es la soberanía nacional. Al presente, sólo el Congreso tiene el poder de hacerlo porque somos su COLONIA. La estadidad no otorga soberanía nacional sino lo contrario; es una subordinación de la soberanía nacional ante la federal. La gobernanza estatal será remplazada por la federal, como es ahora. La diferencia con la estadidad es la representación del gobierno estatal en el federal con voz y voto significativo en las leyes que actualmente nos gobiernan.

La Asamblea Constituyente es una obstrucción a dicho proceso de descolonización de Puerto Rico y no es la opción del gobierno federal para acabar con la colonia. Un referéndum auspiciado por el Congreso como el propuesto por el Presidente Obama y aprobado por el Comité de asignaciones presupuestarias de la Cámara y a considerar por el Comité que preside Wyden, es la opción preferida. Saquen el popcorn para divertirnos entre la lucha, con resultados anticipados, entre la Asamblea Constituyente popular y el gobierno federal. Vieques es el mejor ejemplo de nuestra relación colonial con los EEUU. Hacen y deshacen, nos envían por todo el mundo a pelear sus guerras y nosotros como obedientes sumisos y subordinados colonizados no acabamos de decidirnos si nos divorciamos o nos casamos con el sistema federal norteamericano. La actitud de los EEUU con sus bombardeos para con Vieques no es la misma que la de con Gay Head en Massachusetts. Esto es ser una COLONIA. Un referéndum auspiciado por el Congreso, estadidad sí o no para Puerto Rico, es una buena forma de acabar con las especulaciones sobre si los EEUU nos admitirían o no como otro estado. También es una buena oportunidad para los populares para que le digan directamente NO a la estadidad si se atreven. El voto en contra de la estadidad tendrá repercusiones para Puerto Rico, pues significa no querer pagar contribuciones federales por el ingreso individual. Esto motivará a los congresistas norteamericanos a reducir las ayudas federales que llegan a Puerto Rico a costa del trabajador norteamericano y sus impuestos pagados. Menos ayuda para Puerto Rico es igual a menos impuestos a pagar por los norteamericanos. Con un NO a la estadidad, rotundamente veremos un claro camino a la independencia económica de Puerto Rico para con los EEUU y la obligación de aumentar la productividad nacional para poder subsistir. Me atrevo a apostar que un referéndum así lo gana la estadidad. También es muy cierto que los EEUU, de una vez y por todas, decidan si aceptarían al pueblo de Puerto Rico con sus idiosincrasias particulares a formar parte integral de la Federación de los EEUU. Por tales razones, yo endoso el proyecto de ley HR#2000 de Pierluisi en la Cámara de Representantes de los EEUU.

Ocurrió en Egipto y ahora ocurre en Puerto Rico; el internet descubre realidades ante el mundo. El disfraz de la colonia, el ELA, quedó al descubierto en las vistas del Comité de Energía y Recursos Naturales del Senado de los EEUU en Agosto del 2013 cuando trataron y discutieron los resultados del plebiscito del Noviembre 6 del 2012 en Puerto Rico y la reacción del Presidente Obama a dichos resultados; en Puerto Rico mandan los federales. El ELA es una mentira y la autonomía fiscal de Puerto Rico es otra. Primero fue Ron Wyden, y ahora, el Presidente Obama está diciéndole a AGP que ellos son sus jefes. Esto no es cosa de locos ni de revolucionarios sino de mentirosos; Puerto Rico no tiene gobierno propio. El ELA mejorado nunca será el poder gubernamental supremo en Puerto Rico. Todo el gobierno de Puerto Rico - el ejecutivo, la legislatura, el Tribunal Supremo, la Constitución y todos en Puerto Rico-estamos subordinados a la Constitución, al Congreso, al Tribunal Supremo y, en especial, como se ve en esta ocasión, al Presidente de los EEUU.

¿Pacto de Libre Asociación? Otra cantinflada más de los populares que le temen a la independencia cuando lo que son es colonizados contentos. Suena a Estado Libre Asociado que no es estado, no es libre y el pacto de asociación no lo encuentran ni en los mejores centros espiritistas. Para que sea un pacto de libre asociación, se requiere que Puerto Rico sea independiente para entonces estar libre para pactar en nuestros términos, no los del Congreso. En esa libre asociación, ¿habrá identidad propia jurídica, como ciudadanos puertorriqueños? ¿De qué bolsillo saldrán los dineros para administrar el gobierno libre del pueblo de Puerto Rico? ¿Saldrán de la maltrecha, agobiada y multada en exceso empresa privada? ¿Con qué dinero sustituiremos las ayudas federales? ¿Cómo pondremos a trabajar al pueblo, especialmente a los gorditos, quejumbrosos, jaibas, parásitos legisladores? La propuesta de una Asamblea Constituyente es una falta de respeto al pueblo de Puerto Rico y una cogida de guanajos a las plumitas del PPD. En Noviembre 6 del 2012 se celebró la gran Asamblea del pueblo de Puerto Rico y el 54% de todos los votantes dijimos NO al ELA territorial. La negación de este hecho histórico todavía los tiene enajenados de la expresión democrática por voto popular del sentir del pueblo de Puerto Rico respecto al asunto del estatus de las relaciones entre Puerto Rico y los EEUU.

A pesar de las constantes alegaciones de AGP en el Senado de los EEUU, el Presidente de la Comisión de Energía y Recursos Naturales, el Senador Ron Wyden, la portavoz de la minoría republicana, la Senadora Lisa Murkowski y el Senador Heinrich le dijeron en consenso a AGP que sus alegaciones eran de carácter semántico pues TODOS ellos están conscientes de que el PUEBLO de Puerto Rico le dijo NO al ELA territorial en Noviembre 6 del 2012. Ahora porque el PPD está en el poder, alegan que quienes los eligieron y les dijeron no a la colonia no pueden representarse a sí mismos y ese 54% de nosotros necesitamos unos delegados señalados con el dedo para que nos representen de verdad en una Asamblea Constitucional con el ELA territorial como opción válida. No se dan cuenta de que hace tiempo dejamos de ser jíbaros analfabetas que no entendemos bien el inglés ni el español. La pregunta de los 60 mil chavitos es, ¿cuántos populares, enfrentándose al dilema de escoger entre el ELA territorial vs. ELA soberano, votarán por tal o cuál? Pero me pregunto, ¿No sería interesante oír al Congreso de los EEUU directamente definirse claramente si aceptarían sí o no al Archipiélago de Puerto Rico como un estado de la Federación de los EEUU? Por tal razón debemos de expresar nuestro apoyo unánime al proyecto HR# 2000, presentado por el Comisionado Pierluisi, en legítimo reclamo de que debemos saber la contestación a esa pregunta, ¿Estado 51 sí o no para Puerto Rico?

Las palabras a favor de la estadidad para Puerto Rico y Washington, D.C. provenientes del Senador de más poder en el Congreso de los EEUU, Harry Reid, D - Nevada es una corroboración inequívoca de la intención del Partido Demócrata de los EEUU de aceptar a Puerto Rico como un estado de la Federación si los puertorriqueños en mayoría así lo prefieren. Las dudas del colonizado dependiente de su opinión de que no nos quieren como estado se deben deshacer. La realidad es que si lo queremos nosotros o no, ellos tienen el poder de la última palabra en decidir por la estadidad para Puerto Rico. También sus expresiones son una clara línea divisoria entre demócratas y republicanos sobre política nacional sobre Puerto Rico. Mi mensaje a los puertorriqueños que quieren que Puerto Rico sea considerado como posible estado51 de los EEUU, deben de ser demócratas o luchar porque algún senador republicano someta un proyecto de ley análogo al HR#2000. Cuando muchos afirman en el PPD que la estadidad no es alcanzable, se oponen a que el Congreso hable y se exprese sobre si le otorgaría la estadidad a Puerto Rico o no como lo dispone el HR# 2000. No quieren la estadidad para Puerto Rico y tampoco quieren que el Congreso hable por sí mismo y aclare si es o no alcanzable la estadidad. De todos modos continúan las payasadas y los dineros corriendo para los cabilderos hacer la politiquería de los Tres Chiflados en Washington.

Lo que realmente está estancado en Puerto Rico es la discusión honesta y racional sobre examinar cómo la solución del antiguo problema del status puede beneficiarnos económicamente. En algún momento, todos los líderes políticos tendrán que aceptar que con una economía en contracción económica por los pasados ocho años, con sólo el 40% de la gente trabajando, con un déficit fiscal del ELA de $2 billones, con una deuda nacional de $70 billones, con una economía incompetente crónicamente en la economía global, con un gobierno ineficiente y de libros cerrados sobre la verdadera situación fiscal del ELA que esto no se arregla sino con una completa y profunda restructuración de nuestras estructuras gubernamentales. Tendremos que decidirnos en tener todo el poder decisional para los puertorriqueños con la soberanía nacional o compartir el poder decisional gubernamental con el Congreso de los EEUU con la debida y proporcional representación de senadores y representantes como un estado. La otra realidad para aceptar es que ninguna solución, ya sea la independencia con o sin asociación con los EEUU o la estadidad, la presente situación económica del país no nos permite financiar cualquiera y todas las opciones descolonizadoras sin ayuda financiera de los EEUU. Está de por verse cuánto tiempo le tomará al gobierno de AGP suplicar por ayuda federal en virtud de la crisis fiscal en que se encuentra el ELA y la falta de soluciones que aumenten la productividad nacional. El mercado de inversionistas todavía espera una verdadera y una precisa descripción objetiva de la situación de liquidez o no de los asuntos fiscales del ELA.

Ya el 54% de nosotros los puertorriqueños le dijimos NO a la subordinación territorial; sólo falta el PPD. Si verdaderamente valoran la soberanía nacional, la ciudadanía puertorriqueña y la auto-suficiencia económica deberían estar hablando de un verdadero compacto de libre asociación con los EEUU a los estilos de las Islas Marshall, Micronesia y Palau con la ventaja de que podrán quedarse con el título de ser verdaderamente un estado libre y asociado con los EEUU. ¿Cuál es el miedo? Los procesos económicos en la colonia de Puerto Rico, las leyes que la regulan, el intercambio comercial internacional y la moneda las definen en el Congreso con sus leyes que van dirigidas a su beneficio y no el nuestro. Es imposible elaborar un plan de desarrollo económico sin el poder de modificar todos estos factores que definen los procesos económicos. Hasta ahora hemos estado contentos. Pues en el pasado, cuando ellos en los EEUU se beneficiaban, lo mismo ocurría con nuestra economía. Ahora, con un déficit federal millonario y mientras la economía de los EEUU crece a un ritmo de 2%, semejante a Alemania, nosotros vamos para atrás como el cangrejo durante estos pasados ocho años en un estado de depresión económica. Todo estaba bien cogiendo prestado para cuadrar el presupuesto. Ahora que el crédito está a punto de chatarra, lo prestado cuesta mucho más. ¿Será necesario la chatarra para salir de esta negación de que sin poder regular los procesos económicos y los planes de desarrollo económico son sólo sueños de colonizados contentos?

Los verdaderos tercos somos nosotros mismos. Yo estoy convencido de que la administración de Obama tiene mucho interés en resolver el majadero problema de estatus de Puerto Rico. Durante todos estos años en las Naciones Unidas así como en la Organización de Estados Americanos, continuamente se oye el malestar colectivo contra el presente estatus en Puerto Rico. Nadie en el mundo sabe precisamente quién es un puertorriqueño y quién no lo es; es más fácil en la canción que en la realidad. No es cuestión de lealtad a tal o cual nación o nación por ser, sino de aceptar la realidad de que en Puerto Rico NO lo hacemos mejor y podemos aprender mucho de los EEUU en muchas materias como las tecnológicas, médicas, educativas, comerciales, empresariales y sin olvidarnos de las policiacas. Me pregunto, ¿cuánto tiempo le tomará a este gobierno popular darse cuenta de que el gobierno del ELA le vale a los federales? Corderitos, sólo son corderitos, sumisos subordinados colonizados y orgullosos de serlo.

Me río de tanto colonizado enajenado de su realidad de que los EEUU hacen con Puerto Rico lo que les venga en gana a ellos y mejor les convenga. Esto incluye hacernos pagar más por el transporte marino y sólo usar sus embarcaciones aunque sean más caras y no sean capaces y suficientes para satisfacer nuestras necesidades energéticas. Entre las necesidades de Puerto Rico y las necesidades de su marina mercante, las de ellos son primeras. Todos calladitos porque donde manda capitán no manda marinero. Bonistas vs. el ELA; he ahí el dilema. No es nada para sorprenderse; es un partido enajenado de las realidades de Puerto Rico. Esos son los mismos que niegan que Puerto Rico sea una colonia; con tal de recibir ayudas federales sin pagar contribuciones federales por el ingreso personal. Mienten y prometen a diestra y siniestra dentro de su filosofía populista que los lleva a ganar elecciones y a Puerto Rico a la bancarrota. Le dijeron no a la imposición de contribución a las corporaciones foráneas cuando lo propuso el PNP. Alegaron que no eran necesarias para así mantener la confiabilidad de las empresas foráneas de hacer negocios en Puerto Rico. Ahora cambiaron y hacen lo mismo que el PNP. Se oponían a la intromisión federal en los asuntos estatales y ahora tienen un acuerdo de larga duración con los federales. Decidieron investigar la APP (Alianza Pública Privada) del aeropuerto y ahora dicen que si no se da el negocio con los mejicanos, habrá que cerrar el aeropuerto. Pues la Autoridad de Puertos está en bancarrota y no tendrán dineros para pagar la nómina y nadie les quiere prestar. El crédito de la UPR (Universidad de Puerto Rico) está por el piso y premian a los estudiantes a no contribuir. En los EEUU es ley contribuir todos con el sistema de salud comprando un seguro médico y aquí prometen seguro universal de salud con el gobierno de pagador único. Estamos al borde de otra degradación crediticia a nivel de chatarra exponiéndose a que nadie compre los bonos. Los intereses a pagar son mayores y la chatarra hará posible el pago forzoso de la deuda. En Puerto Rico se hace todo lo contrario a la lógica normal mundial. Decimos que no somos colonia, que las vacas están gordas y que podemos todos jugar, bailar y beber a diestra y siniestra porque nada de lo que hace la administración gubernamental es causal de la crisis fiscal presente en Puerto Rico. Continuemos con la tradición botarate populista de la administrativa gubernamental y que pague el 40% de los que trabajan. Recuerden apagar la luz cuando se larguen.

No dudo que el PPD esté y siga unido; pues los soberanistas en el PPD sólo son buche y pluma no más. Pero eso de partido de centro no se lo creen en el Comité de Energía y Recursos Naturales del Senado de los EEUU. Para ellos son un partido colonialista obedientes sumisos subordinados a las leyes del Congreso sin su participación efectiva. Está en manos del ala soberanista del PPD definir la libre asociación; pues el ELA está muerto y el ELA mejorado es inconstitucional. Puede que sean ellos los soberanistas, si realmente son soberanistas, los que definan la libre asociación de manera que no la confundan con el ELA en el plebiscito del Presidente Obama; sucio difícil.

No entiendo porque alguien puede estar molesto con el Presidente Obama por no mencionar a Puerto Rico en el discurso del Estado de la Unión cuando Puerto Rico no es parte de la Unión. Al ELA nadie en el Congreso le hace caso porque no pagamos impuestos federales por el ingreso individual y recibimos millones en ayudas que muchos entienden innecesarias y les resta a sus estados que sí pagan. No es cuestión de vergüenza, pero sí de Biología 001. Si castras al toro, no esperes que pueda procrear. Puerto Rico nunca en estos pasados 520 años ha tenido el poder de controlar sus procesos económicos. Entonces, si le-re implantas los huevos al toro, le tomará tiempo al toro aprender a adaptarse a su nueva circunstancia y procrear al igual que Puerto Rico le ocurriría cuando tenga poderes para controlar su economía y así aumentar la producción nacional. Ya lo dijo el Presidente Obama, el Senador Ron Wyden y el Partido Demócrata Nacional norteamericano que hay que resolver el problema del status para poder salir del hoyo económico en que se encuentra Puerto Rico en el presente.

Ante un inminente plebiscito propuesto por el Presidente Obama para los populares, es necesario apelar a los independentistas para así poder derrotar la estadidad. Así fue que ganaron las elecciones pasadas en el 2012. Las malas noticias son que el plebiscito futuro, si sigue las recomendaciones del informe de trabajo de Obama, habrá de incluir tanto el ELA territorial como el ELA soberano, la independencia y la estadidad. Una posible alianza con los independentistas sólo será posible con los soberanistas del ELA favoreciendo así a los soberanistas. En ese momento, los populares tendrán que decidir si lo que quieren es seguir como territorio de los EEUU o ser una nación independiente con contrato de asociación revocable bilateralmente. Al momento, lo único que se oye de los populares es lo que no quieren; estadidad. Están esquizofrénicos para decidir entre colonia o nación. Pero como ellos alegan que el estatus no está en juego sino mejorar la economía la decisión sobre el estatus tomará mucho tiempo en verse. Veremos si el paquete de impuestos nuevos salva o hunde al ELA en la chatarra y si su prioridad de atender la economía justifica la indecisión ideológica y la falta de definición por un estatus permanente para Puerto Rico.

No será la Asamblea de Status ni la Asamblea Constituyente lo que nos obligue a los puertorriqueños a cambiar el presente status. La quiebra del ELA será la píldora de la definición. Una vez en el hoyo serán pocas las opciones. ¿Por qué no se les ocurre una asamblea que aumente la producción nacional y limite el gasto gubernamental para así invertir en crear riquezas antes de que llegue la tan anticipada bancarrota? La contestación es sencilla; toda fórmula de status en cualquiera de las asambleas propuestas no está basada en el trabajo propio sino en lo que los norteamericanos nos estén dispuestos a dar. Se deberían de llamar las asambleas de los pordioseros. Sí a un plebiscito supervisado y auspiciado económicamente por el Congreso de los EEUU y el visto bueno del Presidente Obama; estadidad o soberanía nacional con o sin asociación con los EEUU como república asociada, a semejanza de las islas con libre asociación con los EEUU como las Islas Palau, Micronesia y Marshall. Sólo así acabamos con el coloniaje en Puerto Rico. La propuesta del Presidente Obama de celebrar un referéndum de status valida el plebiscito de Noviembre 6, 2012 celebrado en Puerto Rico. Lo apruebe el Congreso o no, Obama está haciendo historia al ser el primer Presidente de los EEUU que ha respaldado al pueblo de Puerto Rico para participar directamente con el Congreso decidiendo la relación que nos une a los EEUU. Nunca un Congreso de los EEUU ha auscultado directamente al pueblo de Puerto Rico. Este es el primer Presidente que le pide al Congreso que nos escuche. Siempre ha sido que nuestra voz no cuenta ni para pool ni para banca, así como la del comisionado sordomudo que nos permiten tener en el Congreso. Una generosidad tacaña contra los pobres, mulatos, ignorantes de la democracia norteamericana, los obedientes, fieles, sumisos subordinados colonizados de Puerto Rico. Las alternativas aceptables para el Departamento de Justicia Federal serán todas las constitucionalmente aceptables para los EEUU; territorio, independencia, libre asociación o estadidad. El ELA, la colonia como está, es donde ellos en los EEUU son dueños y señores del archipiélago denominado Porto Rico en el Tratado de París de 1898. No se crean que ellos quieran que se les quiten el bombón de Puerto Rico, dueños del archipiélago, suprema autoridad a cambio de ayuda estreñida y comercio cautivo con las Leyes de Cabotaje y la

Ley Jones. El ELA es una colonia y así será definida por justicia federal. El ELA NO es gobierno propio. La estadidad será la versión USA y no la jibara; así como en la reforma de inmigración, pronto a aprobarse, él que quiera ser parte de los EEUU tiene que aprender inglés como requisito para ser parte de la Unión y pagar impuestos federales. Quien más se fastidia con la estadidad es el gobierno local porque la mayor parte de los impuestos van destinados a la federal. Así limpiamos la casa de las batatas, incompetentes y mediocres políticos en Puerto Rico. Se les acabaría el mambo a los políticos en Puerto Rico; que pena me dan. El ELA soberano será definido como una independencia con contrato de asociación libre con los EEUU, pero claramente independencia. La independencia será definida como lo que significa la independencia de un país: auto-sustento sin compensaciones por daños y perjuicios, así que a parir y trabajar por el sustento propio y nacional. Con definiciones claras separaremos a los luchadores por verdaderos ideales y a los Cantinflas de la vida que se pasan mintiéndole al pueblo.

Por voz del Senador Ron Wyden, Jefe del Comité de Energía y Recursos Naturales del Senado (Está en las minutas del Senado de los EEUU en su reunión de la última sesión sobre asuntos de Puerto Rico. Para él que quiera validación, puede investigarlas en el internet en sus página pública.), solo la soberanía nacional de Puerto Rico o la estadidad federada son las únicas soluciones al problema colonial, el cual el senador lo describió tan largo como la Guerra de Troya. ¿Cómo es posible que haya tantos puertorriqueños mal informados especulando y contradiciendo lo que ya es parte de los documentos oficiales de tan poderoso comité sobre asuntos de Puerto Rico como lo es el Comité de Energía y Recursos Naturales del Senado de los EEUU? El ElA tiene tres posibles mejorías no coloniales: a) libre asociación de un país independiente al estilo de las Islas Marshall, Palau y las Micronesias, b) la estadidad e integración como un estado de los EEUU y c) la independencia total de Puerto Rico de los EEUU. ¿Cómo no es posible lograr un consenso de que son estas las ÚNICAS y posibles soluciones al estado colonial en Puerto Rico? ¿O es que somos pintura y capota no más e internamente somos colonizados contentos con el estado de subordinación nacional que el ELA como está representa? Es patético que el colonizador le ordena al colonizado a consensualmente resolver el problema de subordinación colonial y nosotros, como colonizados contentos, insistimos en la sumisión y subordinación de la falta de consenso anticolonial.

Puerto Rico no está presenciando el enterramiento de su propósito como país, sino el enterramiento del ELA. El ELA, como forma de organización política en Puerto Rico, es obsoleta, ineficiente, inefectiva, defectuosa y nos tiene al borde de la bancarrota. Si siguen añorando los tiempos pasados y no se nos ocurre algo nuevo, nos vamos a pique con Moody's en alerta de gradación el crédito del ElA a chatarra. Lo de la Asamblea de Status es un disparate, es un natimuerto.

Lo que sucedió en la asamblea del PPD fue un intento de mantener vivo al ELA. Los Senadores Ron Wyden y Lisa Murkowski le anunciaron la defunción del ELA territorial en agosto primero del 2013. Ante su anticipada defunción, el PPD no tiene razón de ser. Siempre ha sido un partido colonialista. Ahora los colonizadores les dicen que es una vergüenza tener a cuatro millones de habitantes sin participación en las leyes que los rigen. Tienen miedo a desaparecer del debate ideológico del status. La asamblea del partido sólo fue un pataleo para enviar el mensaje a Washington de que ellos todavía consienten en consenso de partido con ser sumisos subordinados colonizados. Todo esto a pesar de que les dijeron en el Senado de los EEUU de que el pueblo de Puerto Rico les retiró el consentimiento mutuo a la subordinación colonial el 6 de noviembre del 2012. El Presidente Obama y el Comité de Energía y Recursos Naturales hablaron pero no les gustó lo que dijeron; los tiempos coloniales son cosa del pasado. Se empeñan en el pasado porque no tienen NPI (ni puta idea) del futuro de Puerto Rico. La mediocridad y el déficit intelectual caracterizaron el jolgorio del PPD en su asamblea que es una página de ayer.

¿Qué tendrá Puerto Rico a partir desde diciembre del 2013 que los estados libres asociados de las Micronesias, Palau y las Islas Marshall ya tienen al presente? Esto es un comité bilateral atendiendo las finanzas, manejo de fondos federales, asuntos de desarrollo económico, productividad y competitividad en los países mencionados compuesto por gobernantes locales y federales. Este es el primer paso a la libre asociación para Puerto Rico departe de los EEUU. Como a AGP le vale la opinión de las agencias acreditadoras, no necesitan del rescate federal y el ELA está solvente y líquido; aquí les va la primera dosis de independencia. Ahora estará por probarse si es cierta la mejoría económica, o si es otra mentira más del PPD y AGP, o la realidad es la insolvencia y ningún acceso a los mercados de bonos municipales con intereses sostenibles y pagables. Tarde o temprano, la verdad se sabrá. Quizás la chatarra sea el regalo navideño del PPD para Puerto Rico en el 2013. Como dice el refrán, no es lo mismo llamar al diablo que verlo venir. A definirse populares: como estado o libre asociación.

¡Qué vergüenza; sólo el gobernador de Puerto Rico prefiere ser una colonia de los EEUU! Se lo dijeron tres senadores del altamente influyente Comité de Energía y Recursos Naturales del Senado de los EEUU. La solución a los problemas económicos de Puerto Rico no tan sólo son opacados y distraídos con la presente discusión del estatus político en Puerto Rico, sino que a la vez, el presente estatus de indefinición por una solución permanente es causal de los problemas económicos, de seguridad, criminalidad y pobre educación en la Isla. Les dijeron que el Commonwealth es un territorio no incorporado sujeto a las leyes de los EEUU. El Presidente del Comité fue muy claro en su introducción en la recién reunión del Senado de los EEUU para atender los resultados de las elecciones plebiscitarias celebradas en Puerto Rico en noviembre 6 del 2012. Me pareció que AGP estaba nervioso y no oyó claramente al Presidente y actuó como niño arrogante creyéndose superior y no entendiendo lo que sus jefes le decían. Le dijeron y él no entendió que la Comisión Estatal de Elecciones de Puerto Rico debe celebrar un plebiscito con dineros federales y sólo debe de incluir la estadidad, la independencia y la libre asociación. Libre asociación como ellos las conocen en las Islas Palau, las Micronesias y las Marshall. Sólo un plebiscito de esta manera contará con su auspicio y apoyo. También le dijeron que el ELA mejorado no es aceptable y eso de revisar las leyes para su aplicación en Puerto Rico después de su aprobación en el Congreso y la firma del Presidente NO VA. EL ELA MEJORADO NO ES COMPATIBLE CON LA CONSTITUCION DE LOS EEUU. También, los tres senadores estadounidenses les dieron una lección de democracia a los tres presidentes de los partidos políticos en Puerto Rico cuando les dijeron al unísono que para que cualquier plebiscito sobre la relación política entre Puerto Rico y los EEUU sea democrático, legítimo y válido, tienen que tener claras definiciones de las expectativas de cada una de las alternativas; se acabaron las ambigüedades para los tres representantes. Dijeron que eso requiere CONSENSO descolonizador entre la alternativas descolonizadoras - la estadidad, la independencia y la libre asociación - que no es el ELA. Hicieron claro que el único que falta en el acuerdo es el PPD que insiste en la colonia y que ni ellos la quieren en los EEUU. Pues, es una vergüenza ante la fama internacional de los EEUU como país democrático. Ellos NO quieren la colonia; solo estos colonizados contentos del PPD la quieren. Todos nuestros representantes hablaron en general de sus expectativas, pero ninguno definió claramente los períodos de transición, grados de soberanía y sus implicaciones para los puertorriqueños. Todos actuaron como sumisos, ambiguos, imprecisos, demagógicos y subordinados colonizados. "Dígannos lo que están dispuestos a darnos y no lo que nosotros queremos y como lo vamos a lograr". Aplauso, por favor para los tres chiflados del Mar Caribe. ¡Hurra a Pierluisi y Rubén!, que sin miedo y articuladamente se atrevieron a confrontar al tirano Congreso de los EEUU y al Presidente de los EEUU con su apoyo y tolerancia ante el poder unilateral y dictatorial de los EEUU sobre Puerto Rico. Al menos alguien tiene cojones en Puerto Rico. La ausencia de un representante de la Casa Blanca en las vistas sobre Puerto Rico en el Comité de Energía y Recursos Naturales del Senado de los EEUU puede ser un indicio de diferencias entre los dos sobre Puerto Rico. No puedo olvidar las palabras de la Senadora Murkowski, portavoz de los republicanos en el Senado. Ella se identifica con Puerto Rico por ella ser la única Senadora en el Congreso que nació en un territorio y es miembro de ese comité. Su lenguaje no verbal me indica que ella puede ser la autora de un proyecto análogo al HR#2000, estadidad sí o no. Los populares, de seguir insistiendo en el ELA, socavarán el proceso de democratización hacia la descolonización de Puerto Rico y la solución al problema del estatus de las relaciones entre Puerto Rico y los EEUU. Claro que interfieren contra la descolonización de Puerto Rico, porque son sumisos cobardes subordinados colonialistas contentos. ¿Cuánto tiempo le tomará al PPD y a los populares darse cuenta de que el momento de la definición llegó? El gobierno federal NO quiere la vergüenza del ELA.

Quizás por joven o por ignorante, el novato representante popular tiene las mismas ínfulas que AGP respecto a la negación del estado colonial en Puerto Rico. En marzo 2 del 1917, el Presidente de los EEUU, Woodrow Wilson, firmó el Acta Jones que le otorgó por acto de ley y NO de la Constitución la ciudadanía americana a los puertorriqueños. Quizás el novato representante tiene un conflicto de identidad y no sabe quién es. Nada que haga la legislatura o el Tribunal Supremo de Puerto Rico puede derogar la Ley Jones; perro flaco soñando con longanizas. Veremos cuán lejos lo lleva su arrogancia y su ignorancia de la historia de Puerto Rico. En lugar de seguir pataleteando y convocando la asamblea de los 75 tontos que no saben que el ELA murió, R.I.P.; van a tener que decidirse entre estadidad o independencia con o sin asociación con los EEUU. Ya es tiempo de que comiencen la discusión y comparación con las Islas Marshall, Palau y Micronesias por todos esos cuasi-soberanistas que andan y hablan mucho por ahí. Vamos a ver si el gas pela.

La única manera que el Pueblo de Puerto Rico por su cuenta puede resolver el problema del estatus es llevando un caso ante el Tribunal Supremo de los EEUU reclamando el derecho del pueblo de Puerto Rico a su auto-determinación política. Esto nunca se ha hecho pues todos temen perder las ayudas federales que sin ellas no engordan nuestros políticos.

Auto-determinación conlleva auto- sustento y he ahí donde se tuercen los rabos. Ser o no ser Puerto Rico un mero territorio de los EEUU es inconsecuente. Lo que es consecuente y trascendental es que en noviembre 6, 2012, 54% de puertorriqueños les votamos NO al ELA territorial. El gobernador todavía está en estado de negación de ese hecho. El hecho de que el gobernador y el PPD fueron electos es una cuestión administrativa y no ideológica. El ELA puede mejorar de dos maneras; o se establece un contrato de libre asociación con los EEUU como país independiente similar a las Micronesias, las Islas Marshall y Palau o se convierte en el estado #51 de los EEUU. Mero territorio o no, los puertorriqueños no consentimos en mayoría con la condición actual de no tener participación efectiva en la elaboración de las leyes que regulan nuestro diario vivir. Tampoco el gobernador ha cobrado conciencia de que lo que nos hace colonia es la falta de nuestro voto efectivo en el gobierno federal quienes son los que mandan más aquí en Puerto Rico. Tendrá que bajar de esa nube narcisista que está; pues el ELA territorial ya está muerto y no hay Asamblea Constitucional que lo salve. Con la AC, los populares y los independentistas tratan de interferir con la libre expresión del pueblo de Puerto Rico en la toma de decisiones democráticas mediante el voto popular. No será el chanchullo de unos pretendientes ignorantes falsos profetas que no admiten que las órdenes ya fueron impartidas por el Senado de los EEUU por voz del presidente y la portavoz de la minoría republicana en el Comité de Energía y Recursos Naturales, Ron Wyden y Lisa Murkowski; réquiem para el ELA.

Si a la Asamblea Legislativa de Puerto Rico y el Colegio de Abogados necesitan 75 personas para definir las únicas tres opciones descolonizadoras para Puerto Rico, son mediocres. Sólo la independencia, la libre asociación y la estadidad son soluciones aceptables para la descolonización de Puerto Rico. Claro está la definición específica de cada y toda fórmula de relación política entre Puerto Rico y los EEUU conlleva un diálogo con el Congreso en relación a los términos específicos para cada solución. Lo que falta son definiciones propias para negociar con los EEUU; este es el proceso recomendable a seguir. Las tres ideologías que sustentan las tres opciones aceptables y válidas con la Constitución de los EEUU tienen la obligación de definir claramente sus términos. De esta manera, el pueblo de Puerto Rico pueda y esté capacitado a tomar una decisión inteligente e informada de manera transparente con las definiciones y los términos esperados a negociar con los EEUU.

¿Por qué será que los anti-anexionistas no se definen como lo que quieren aparentar ser - independentistas? Sólo hay dos maneras de obtener mayores poderes para redimensionar los asuntos económicos de Puerto Rico: la soberanía nacional o la estadidad. La soberanía nacional se logra con la independencia de Puerto Rico con o sin un pacto de libre asociación al estilo de las islas Marshall, Micronesias y Palau. Les llegó el momento a los anti-anexionistas de escoger la tonalidad de independencia preferida. La independencia será con ciudadanía puertorriqueña y con o sin permisos de visita y trabajo sin visas de visita a los EEUU. La libre asociación será con un presupuesto definido con ayudas federales por un período definido de tiempo y con cantidades de dineros definidas y manejadas bilateralmente por los gobernantes de Puerto Rico y los EEUU y con contrato de asociación mutuamente cancelable unilateralmente y con miras de hacernos un país auto-sustentable y autosuficiente económicamente. En la alternativa, la estadidad federada vendrá con la responsabilidad adquirida de pagar impuestos federales por el ingreso individual. Llegó el momento de decidir y las circunstancias nos obligan a reclamar esos poderes de control económico para así poder salir del hoyo en que nos encontramos.

Ya es tiempo de ser honestos con la gravedad de la crisis presente, aceptarla y luchar por cambiarla, adquiriendo poderes de control económico para Puerto Rico y por los puertorriqueños. La realidad más crítica en Puerto Rico en estos momentos es su crisis económica con una economía crónicamente no competitiva. Sólo un 40% del personal capacitado está trabajando. Muchos están viviendo del crédito y del gobierno. Los servicios gubernamentales son mediocres. Tenemos un sistema de permisos para nuevos negocios arcaicos y no funcionales. La proporción de la deuda nacional al GNP (Gross National Product) es de 105%. Tenemos un 33% de la población viviendo de cupones. Un 15% de la población está desempleada. El 21% de la economía proviene de las ayudas federales. Un 20% del presupuesto gubernamental se usa para pagar la deuda nacional. La bancarrota es inevitable.

Los guanajos en la Isla se creen que salvaron el crédito de la Isla porque, al presente, en papel no es chatarra aunque en realidad pagan intereses por la deuda peor que si fuera chatarra. El gobernador ingenuamente se cree que el crédito no es chatarra por sus gestiones cuando la realidad es que les están dando una oportunidad a los inversionistas para deshacerse de los bonos de Puerto Rico aunque sólo recuperen el 50% o el 60% de su valor. Cuando los hagan chatarra y no se pueda coger más prestado, entonces el cambio de estatus tendrá que ser interno y de colonizados contentos tendrá que haber un cambio a ciudadanos productivos y auto-suficientes económicamente. Todas estas transformaciones tienen urgencia antes de un cambio del estatus político.

Sólo el Tribunal Supremo de los EEUU puede ordenar el reconocimiento y respeto legalmente al derecho de los puertorriqueños a su auto-determinación política en relación a los términos de la relación entre Puerto Rico y los EEUU. Gritando y siendo rebeldes con "tantrums" de desobediencia civil pacífica que esconden el miedo a negociar de tú a tú con el colonizador no se consigue nada. Pero la realidad es más cruel que eso; la mayoría de la población en Puerto Rico ha apoyado la subordinación, sumisión y obediencia del estatus colonial para la Isla durante todos estos largos años. Tímidamente con un 54%, la gente le dijo NO a la colonia en noviembre 6 del 2012. El juego político se hace dentro de las reglas y regulaciones gubernamentales en vigencia tanto en Puerto Rico como en los EEUU. Ninguno de los partidos políticos ha hecho este derecho de auto-determinación del pueblo de Puerto Rico valer tan siquiera un centavo. Claro está; la resolución de la condición colonial en Puerto Rico conllevaría la desaparición de los partidos coloniales de una vez y para siempre. A ninguno le conviene la resolución del colonialismo pues significa la desaparición de los" slogans de status" que es lo único que justifica sus existencias. Todos carecen del conocimiento y las destrezas para desarrollar un plan de desarrollo nacional sostenible y auto-sustentable. Si ganan los independentistas, más estadistas se mudan al norte. Si ganan los estadistas, las controversias serían entre demócratas, republicanos e independientes hablando el difícil – el inglés.

Son tan poderosos sobre Puerto Rico los Senadores D- Ron Wyden y R- Lisa Murkowski del Comité de Energía y Recursos Naturales del Senado de los EEUU que, sin preguntarnos a ninguno de los puertorriqueños, tienen a su haber los derechos y la autoridad para decretar la independencia o la estadidad para Puerto Rico sin necesidad de oír a Pierluisi, AGP, la legislatura en su totalidad o al Tribunal Supremo de Puerto Rico. No es un consejo lo de los senadores en su carta a los presidentes de los partidos políticos en Puerto Rico; es una orden. Como colonizados contentos, pretendemos rebeldía ante los senadores y sus autoridad. Pero en realidad, escondemos el miedo de perder su protectorado y apoyo reconociéndonos la independencia a los puertorriqueños y puertorriqueñas con toda nuestra propia ciudadanía, moneda, defensa, banca nacional, seguro social propio, educación, correos, salud, carreteras, préstamos estudiantiles, PAN, Sección 8, etc., etc. Somos cobardes ante el proceso de descolonización de Puerto Rico. Si de verdad como dicen algunos, "aquí lo hacemos mejor" y nos vale la opinión de los distinguidos senadores, debemos de optar por la soberanía nacional. Quienes le tenga miedo a luchar por su cuenta con sus propios recursos sin los de los EEUU deberá optar por la única otra opción descolonizadora que es la estadidad. Los que favorecen el ELA Soberano tendrán que ser dentro de lo aceptable para el Congreso; según Lisa Murkowski, es la libre asociación al estilo de las Islas Micronesias, Marshall, Palau. Nadie debe tener dudas de que la libre asociación es un contrato entre dos países independientes con una relación contractual por un espacio de tiempo limitado y revocable unilateralmente por ambas partes. En otras palabras, independencia a plazos cómodos. La libre asociación es independencia con un contrato de relación con los EEUU similar a las islas Marshall, Micronesias y Palau.

Mi impresión es que cada día hay mayor respaldo bipartita en los EEUU hacia la estadidad para Puerto Rico al contrario de lo que afirman muchos; por ejemplo Rubén Berrios. No se oye mucho en los EEUU sobre la estadidad para Puerto Rico de parte de los republicanos. Los republicanos tienen miedo que con la reforma de inmigración aprobada de manera bipartita en el Senado de EEUU, si no favorecen la estadidad para Puerto Rico, pueden perder todo el apoyo de voto hispano para la elección del próximo presidente de los EEUU. Un rechazo a un proyecto de descolonización para Puerto Rico puede ser la bala mortal para el Partido Republicano si rechazan la reforma de inmigración y la descolonización. Puede que desaparezcan como partido y pierdan el control en el Congreso y no más presidentes republicanos; puesto que el poder de los hispanos ya decide quién es presidente en los EEUU. Mitt Romney es testigo de esto.

Ser o No Ser Colonia; he ahí el dilema del puertorriqueño. Si nos dejamos llevar por la costumbre de los pasados 520 años, seguiremos siéndolo. Sin embargo, las sociedades democráticas evolucionan y Puerto Rico lo hizo en noviembre 6 del

2012 cuando votó el 54% en contra del estatus actual territorial. Ahora tenemos a todo un partido político en el poder que se resiste a cambiar a pesar de que el Senado de los EEUU les dice que es una vergüenza para ellos tener millones de habitantes americanos sin el derecho a la participación y en la elaboración de sus leyes. Hay que ser bien ñangotados diciéndoles al Congreso que nos conformamos siendo sumisos subordinados colonizados contentos porque no pagamos impuestos federales por el ingreso personal y, a su vez, seguimos recibiendo ayudas económicas sin la debida fiscalización de los federales. Ya no hay salida ni marcha atrás; o nos decidimos a ser el estado 51 de los EEUU o nos decidimos por la Nación Puertorriqueña. Los cobardes la historia siempre los olvida. Este es el momento de decidir NO SER COLONIA.

Huele a chatarra y sabe a chatarra porque es chatarra. El precio que se venden los bonos del ELA y los intereses a pagar por los prestamos ya son peor que simple chatarra; estos son de la peor chatarra con sobre 10% de interés. Nuestros supuestos gobernantes están actualmente siguiendo las órdenes de los federales de manera sumisa y subordinada. No tienen vergüenza propia de admitir que con su administración la economía no crece. Por lo contrario, se sigue contrayendo; la criminalidad es rampante y la gente se va huyendo por millares. Tampoco tienen vergüenza de admitir que no pueden hacer nada para restructurar la deuda sin el consentimiento del Congreso de los EEUU. ¡Qué clase de papelón de impotentes y sumisos subordinados colonizados! Puerto Rico puede obtener el poder para restructurar la deuda nacional sólo obteniendo la soberanía nacional o la estadidad. Lo contrario es continuar con la impotente sumisión y subordinada actitud de los puertorriqueños ante el Congreso de los EEUU.

La solución del problema del estatus de Puerto Rico no es tan fácil como esto de yanquis o puertorriqueños. Esta simple dicotomía suena a las películas de los buenos y los malos, los indios y los vaqueros y el famoso eje diabólico de Bush. Quienes le tienen que perder el miedo al proceso de descolonización son los partidos políticos y sus líderes. Finalmente, el Congreso de los EEUU, a iniciativa del Presidente Obama, hizo historia al aprobar un presupuesto que designa $2.5 millones para celebrar un referéndum; esto es una comunicación directa entre el Congreso y el pueblo de Puerto Rico para resolver el problema colonial. Es la primera vez que es ley federal una comunicación de tal envergadura. Con esta ley los federales hacen claro de que no confían en ninguno de los líderes políticos en Puerto Rico y que quieren oír al pueblo, no a los líderes políticos. Les han dado un tapabocas y ahora, el PPD y el PIP insisten en el chanchullo de la asamblea de estatus para burlar y desviar la comunicación directa de ambos pueblos. Ahora los líderes independentistas están en pánico; pues les pueden aprobar la independencia si es lo que quiere el pueblo. Como bien saben que independencia significa eso mismo auto-suficiencia e independencia en todos los sentidos, ahora no la quieren si no les pagan los federales. Ya lo dijeron en el Congreso. Llegó el momento de decidir entre la soberanía nacional o la estadidad; ciudadanía americana o ciudadanía puertorriqueña. No es lo mismo llamar al diablo que verlo venir.

Después de la degradación del crédito del ELA a chatarra por la agencia Standard & Poor (BB+) y por Moody (Ba2), seguimos en estado de negación. La cual es una reacción esperada en todo proceso de muerte, el ELA. Lo que muchos obvian es que el BGF recibió una degradación de dos niveles en la chatarra (BB y Ba2). En otras palabras, el banco está insolvente para pagar la deuda con los inversionistas, cubrir el déficit fiscal y pagar todos sus otros compromisos con el gobierno en general y las corporaciones públicas sin coger más prestado. Estamos en estado de negación de que la economía de Puerto Rico es una dependiente del BGF, los bonistas y el gobierno federal. Estamos en negación de que nuestra economía es una no competitiva a nivel global. Estamos en estado de negación de que tenemos una economía que NO es auto-suficiente. Estamos en estado de negación de que somos dependientes del gobierno tanto estatal como federal. ESTAMOS EN ESTADO DE NEGACION DE QUE SOMOS UNA COLONIA. La degradación, así como pasó en Detroit, es la antesala de la bancarrota. Ya es tiempo de consensualmente, como pueblo unido, acabar con el estado de dependencia colonial. Llegó el momento de descolonizar a Puerto Rico para evitar la bancarrota. Sólo hay dos caminos - o la soberanía nacional o la estadidad. Ahora estamos en la posición que estuvo Grecia; hay que decidir si estamos en la Unión o fuera de la Unión. Hay que salir del estado de negación y avanzar hacia el aumento de la producción nacional y hacia una economía auto-suficiente. Lo hacemos como socios de los EEUU o lo hacemos como socios de otras naciones independientes.

Capítulo Dos

Ser o no ser Dependiente

<u>Número Dos</u>

El individuo es dependiente y le tiene miedo a su independencia personal y económica.

La dimensión número dos se refiere al grado de madurez de la personalidad.

La personalidad colonizada se caracteriza por el individuo que:

Su personalidad es inmadura, dependiente, narcisista, y depende emocionalmente y económicamente de los demás. Su pensamiento es de tipo mágico y primitivo. Comparte la mentalidad agrícola del "arrimado".

La personalidad no colonizada se caracteriza por el individuo que:

Su personalidad es madura.

Es emocionalmente y económicamente independiente. Es interdependiente de los demás. Sus mecanismos de defensa son superiores y funcionales.

1	2	3	4	5
Dependencia Emocional y económica	Comienzo a ser emocional y económicamente independiente	Ambivalencia ante la independencia emocional y económica	En vías de ser emocional y económicamente independiente.	Independiente emocional y económicamente

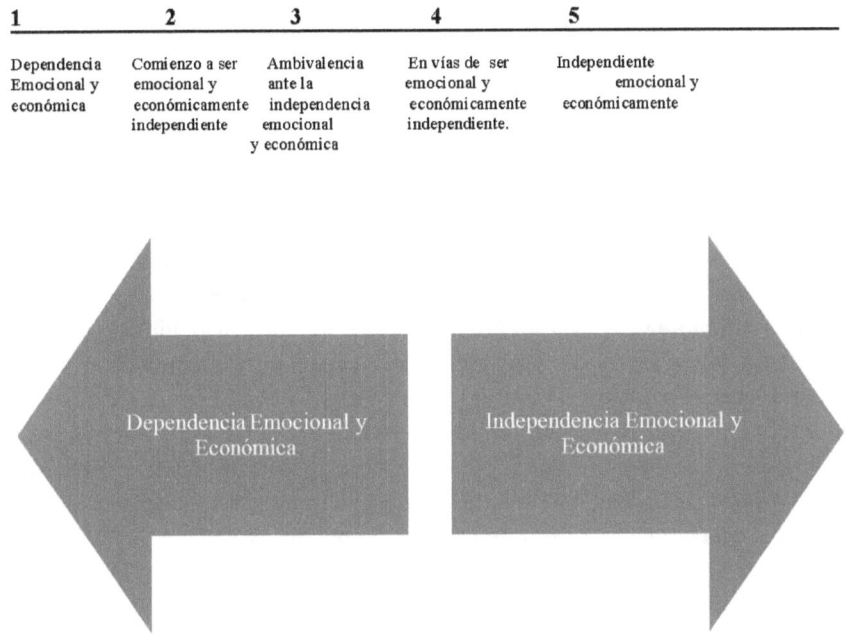

El plebiscito de noviembre 6 del 2012 fue un virtual empate entre el ELA territorial y la estadidad; la diferencia fue sólo puntos decimales. Los dependientes pro-colonia todavía tienen gran fuerza. A esto hay que añadirle que los pro- libre asociación, los pro- independencia ni los pro- estadidad tienen ningún estudio confiable sobre el impacto económico en Puerto Rico con las alternativas preferidas. Todos dependen de los estudios económicos generados en los EEUU. Los estadistas son tan colonizados como los independentistas y los tradicionales pro ELA (colonia); todos dependen de lo que diga el Congreso y, en el caso específico de la estadidad, lo que diga GAO (General Accounting Office). Ninguno pare un simple plan de desarrollo económico para Puerto Rico para así convertirnos en un país productivo, auto-suficiente, auto-sustentable y competitivo y que llene las necesidades de los puertorriqueños. En la ignorancia, todos se dedican a morderles el rabo a los otros ocultando su ignorancia. Todos actúan como ignorantes bien administrados que pretenden lucir como líderes conocedores cuando en realidad, todos son politiqueros baratos ignorantes y dependientes del colonizador; colonizados contentos viviendo del sudor del trabajador norteamericano que paga sus impuestos federales por el ingreso personal recibido. La colonia es lo que todos quieren pero no se atreven a ser honestos y se ocultan detrás de preferencias que no conocen a ciencia cierta. Hasta que surjan líderes con visión de país que desarrollen un plan de desarrollo económico propio que nos lleve a la auto-suficiencia económica nacional, hay colonia para rato en Puerto Rico hasta que se le acabe la leche a la tetita de los EEUU.

En los próximos meses, sabremos si las medidas del gobierno de AGP podrán producir los millones de dineros en recaudos para poder cuadrar el presupuesto presente y pasado. También sabremos si la economía toma un nuevo rumbo de crecimiento y no de contracción. Yo soy pesimista y creo que vamos en camino a la chatarra y la bancarrota generalizada. Ahora son 40 de los 78 municipios que están en bancarrota. El ELA no es una opción de crecimiento; parió lo que iba a parir y está estéril de crecimiento. Siempre ha sido una condición de dependencia al mantengo colonial. Sólo la estadidad o la soberanía nacional independiente nos pueden salvar de la quiebra inminente. El miedo fundamental es que la independencia o la estadidad son permanentes. Sólo el ELA puede desaparecer con un abrir y cerrar de los ojos del Congreso de los EEUU. Ahí esta el miedo a decidir no por las dos, sólo por una permanente. ¿Cuál será nuestra preferencia por una opción madura e independiente de la dependencia inmadura colonial? ¿Independencia o estadidad o chatarra y bancarrota del ELA?

En una sociedad democrática los derechos humanos se definen dentro de los principios de responsabilidad individual y justicia social. Mis derechos llegan hasta donde llegan los de los otros. Mi derecho a la vida no me da el derecho a matar a la competencia. Los derechos no tienen validez si no se especifican las responsabilidades específicas que los derechos tienen inherentemente adscritas. En la colonia de Puerto Rico, protectorado o territorio no incorporado, la democracia es trunca. Pues, el territorio es posesión de los EEUU de acuerdo al Tratado de París de 1898 y los EEUU, específicamente el Congreso, deciden cuáles son los derechos que tienen los puertorriqueños. En el Tratado, los EEUU se comprometieron con sólo un trato humanitario a sus habitantes, pero no se especificaron sus responsabilidades hacia los puertorriqueños. Todos en Puerto Rico somos dependientes y mendigos de las bondades que nos pueda ofrecer el Congreso. Ningún político nunca se ha comprometido a modificar este Tratado donde se definieron los derechos de los puertorriqueños y somos dependientes de lo que diga el Congreso. La razón siempre ha sido la misma; la mentalidad del colonizado sólo define los derechos sin las responsabilidades adscritas. En el 1952, se eliminó toda la sección 20 de la propuesta constitución criolla porque se proponía el derecho constitucional de los puertorriqueños a tener un trabajo y servicios de salud y le adscribía esa responsabilidad del pago de trabajos y servicios de salud a los EEUU y no al gobierno de Puerto Rico. Nuestra historia política se ha caracterizado por una lucha de obtener derechos sin responsabilidades propias pero sí dependientes de los EEUU. El ELA siempre ha significado mantengo sin el pago de impuestos federales. Los derechos en la colonia son todos de gratis y el individuo no tiene responsabilidades de trabajar y mantener su salud física, mental o económica. Todos los partidos políticos en Puerto Rico sólo son mendigos colonizados contentos que no saben hacer de la Isla una nación auto-suficiente y económicamente competitiva a nivel internacional. Se pide y se pide a ver quién da más sin contar con el esfuerzo y el trabajo propio; perenne dependencia. Ningún partido político tiene un plan de desarrollo económico basado en nuestros recursos y trabajo que nos conduzca a ser un país auto-suficiente y auto-sustentable. Derechos sin responsabilidades no son verdaderos derechos. Sólo son dependencias.

Es interesante como ahora somos noticias constantes en los EEUU. La situación económica del ELA es desastrosa. Todos se preguntan, con un presupuesto en déficit, ¿a quién se le ocurre aumentar el presupuesto gubernamental del 2013 en 800 millones? Peor aún, con 70 billones de dólares en deuda y una economía en contracción por ocho años, ¿Cómo es posible coger más prestado? Sólo en la colonia de la continua dependencia se dan estos disparates. Todos los gobernantes han sido eunucos en producir crecimiento económico en Puerto Rico. Todos han sido dependientes de la teta americana, sus subsidios, ayudas federales y préstamos. Ahora están contra la espada y la pared y piden oxígeno de emergencia. Su traducción en español significa más dinero prestado para mantener sus sueldos y los de sus secuaces. La solución es sencilla; balancear el presupuesto dándole prioridad a los servicios esenciales que se puedan pagar, ponerse a trabajar y de paso hacerle caso al informe de Obama de 2011 y, finalmente, resolver el problema del estatus. Esta es política administrativa gubernamental de la peor calaña; ellos son los primeros en la mesa en servirse. Son los gorditos, buscones e incompetentes legisladores dependientes del gobierno estatal y los impuestos del pueblo productivo trabajador. Son precisamente sus incompetencias las que nos tienen al borde de la quiebra y el crédito en chatarra. Le bajaron los costos de la luz a la AAA (Autoridad Acueductos y Alcantarillados) en lugar de obligarlos hacer un uso más eficiente y costo efectivo de la luz. Moody los tiene en la mira al igual que a Carreteras por el uso de sus reservas económicas inapropiadamente. La mediocridad de las administraciones la paga el pueblo. Antes de que entre ellos y ellas se pongan de acuerdo y creen un consenso de medidas que aumenten la producción nacional, disminuya los gastos gubernamentales y aumente la eficiencia y la efectividad administrativa, nos bautizaron como chatarra y a ellos les vale.

Melba estará defendiendo las buenas notas económicas que ella alega el gobierno del ELA está teniendo ante una audiencia de comerciantes y casas acreditadoras en la ciudad de Nueva York. Sucio difícil, tras la información publicada por la Junta de Planificación sobre la continuada contracción económica en Puerto Rico. Por más positivo que lo pinten esto parece que va a ser unas Navidades Chatarra. Muchos no comprarán juguetes ni regalos, pues estarán ahorrando para el pasaje hacia unas Navidades Blancas en los EEUU. Lo acepten o no, el ELA necesita vender dos billones de dólares en bonos de Cofina para cuadrar el presupuesto. Pero ahora, que Cofina también es chatarra, los intereses de este préstamo serán astronómicos. Los inversionistas de alto riesgo y altos dividendos, los tiburones hambrientos de los "hedge funds", parecen venir al rescate no porque confían que la economía se recuperará o que las prácticas administrativas fiscales de AGP van a funcionar, sino porque confían de un rescate por los federales. Está por verse, ¿cuánto serán los costos de la acumulada deuda y si podemos pagar los intereses? En el peor escenario de la chatarra la pregunta obligada será diferenciar ¿Cuáles son los activos del ELA y cuáles son los de los federales para poderlos vender y así pagar y respaldar la deuda nacional? Tremendo lío con la colonia. ¿De qué es el ELA dueño y de qué es el Congreso de los EEUU dueño?

Con la Libre Asociación se acabarán los cupones, las becas Pell, la sección 8 y otros muchos programas federales. La dependencia económica será paulatinamente sustituida por independencia económica. Los programas federales a permanecer en Puerto Rico serán dependientes de sus apropiadas negociaciones con el Congreso de los EEUU. Sin embargo, con la libre Asociación se puede obtener un contrato de ayudas federales por un tiempo determinado creando un "Trust Fund" para Puerto Rico departe de los EEUU como lo han hecho en Micronesia, las Islas Marshall y Palau. Con sólo un poco más de seis mil votos sobre el ELA territorial, la estadidad no fue una clara ganadora en el plebiscito de noviembre 6 del 2012. Debiera de preguntarse el Comisionado Pierluisi el porqué de esta ventaja raquítica. Tiene mucho trabajo que hacer para que todo el pueblo de Puerto Rico trabaje al unísono en un estado y que la estadidad no luzca como una oferta de mayor dependencia económica. Sin una concertación como pueblo para aumentar la producción nacional y disminuir la dependencia, ningún estatus será victorioso. El pueblo es ignorante sobre lo que es el colonialismo. Confunden asimilación con colonialismo. También confunden dependencia y populismo con derechos adquiridos. Todo pueblo tiene un derecho inalienable de participar efectivamente en el diseño de las leyes que rigen sus vidas y de esto se trata el colonialismo. Tanto la soberanía nacional como la estadidad, nos brindan esta oportunidad participativa. Ambas requieren independencia económica, sustitución del populismo administrativo y la dependencia al gobierno estatal y federal. En la estadidad, el poder se comparte con los norteamericanos. En la soberanía nacional, el poder es absoluto y presupone independencia económica de los EEUU. Los colonizados traumatizados por los procesos imperialistas internacionales odian a los EEUU; para ellos es todo o nada pero no hablan de independencia económica. El problema principal de estos independentistas rabiosos que odian a los EEUU es que viven en una fantasía de ser compensados por los traumas históricos y se creen que van a construir un país en base de una compensación fantaseada sin esfuerzo propio y sin un plan de crecimiento económico independiente de los EEUU. Son como el adolescente; quieren libertad, independencia y poder decisional con los chavos de papi y mami. Los estadistas no están tan distantes de los independentistas y, por eso, no tienen el despegue masivo ni el respaldo absoluto del pueblo. Pregonan más dependencia de los EEUU y no la auto-suficiencia económica producto del trabajo y el éxito propio y nacional. En este sentido los estadistas padecen de la misma dependencia patológica que los independentistas rabiosos y los colonialistas mantenidos donde la dependencia es característica definitoria del colonizado puertorriqueño.

Aquel quién que le teme a su independencia económica, individual y nacional no es suficiente honorable para ser parte de la nación independiente de los EEUU. Mi punto principal hacia la Asamblea Constituyente es que no es realmente constituyente si no se constituye en la nación independiente de Puerto Rico para así ejercer su derecho democrático e inalienable al auto- determinación política. Es precisamente el miedo a asumir la responsabilidad directa del auto- sustento personal y nacional lo que condena al colonizado a toda una vida de dependencia. La estadidad para Puerto Rico sólo se dará en función de lograr que un mayor número de puertorriqueños que trabajen y asuman las responsabilidades de su sustento individual independientes de las ayudas gubernamentales y federales. Sólo así se podrá aumentar la producción nacional para hacernos competitivos con los otros 50 estados y a nivel internacional. El que vea la estadidad como la tabla de salvación para evitar la responsabilidad del auto- sustento individual y nacional no es un estadista honorable ni digno de ser parte de una nación que aprecia y re afirma su independencia económica continuamente.

Por los pasados 520 años Puerto Rico nunca ha tenido una economía competitiva auto-suficiente y auto-sostenible. La independencia significa el auto sustento. El PIP ni ningún grupo independentista saben cómo lograrlo. En la pasada vista del Senado de los EEUU sobre Puerto Rico, Berrios le pidió a Wyden una propuesta económica de parte del Congreso para hacer de Puerto Rico independiente. Esta es una contradicción en sí, pues es pedir independencia continuando la dependencia de los EEUU. Por eso pisan y no arrancan. Para que la estadidad o la independencia para Puerto Rico se logren, los líderes tendrán que presentar un plan viable para hacer de Puerto Rico una economía auto-suficiente. Con la mediocre calidad de nuestros líderes, primero Colón baja el dedo antes de aparecer un plan viable de desarrollo económico. Todos en Puerto Rico sustentan sus ideologías con el dinero del trabajador norteamericano y no con el sudor propio. Buche y pluma no más son todo. Por eso están los federales aquí en Puerto Rico; pues allá ya todos conocen de nuestra mediocridad administrativa y dependencia económica que con una tarjeta de crédito pagamos las otras. Un atributo principal de la personalidad colonizada es su dependencia hacia el colonizador. Todos los independentistas, soberanistas, estadolibristas y estadistas dependen de lo que diga el Congreso como definición de sus estatus favoritos ya que todos carecen de definición propia, clara y precisa. Con tal de evadir la independencia económica de Puerto Rico hacia los EEUU y continuar el patrón histórico de dependencia colonial, la estadidad será favorecida por los puertorriqueños en un plebiscito final.

La extrema pobreza y el analfabetismo eran prevalentes en los años cuarenta. También eran prevalente la sumisión y la obediencia ciega a los caudillos. Ese Puerto Rico ha evolucionado y el Puerto Rico de hoy está mejor educado y tiene mejor acceso al Internet. Vimos con nuestros propios ojos los tres chiflados de Puerto Rico en las vistas del Senado de los EEUU. Todos sin consenso de la necesidad de la descolonización de nuestro sistema. El que el colonizador llamó anti-democrático y una vergüenza a la moral democrática de los EEUU ante el mundo. También vimos a Rubén Berrios condicionar la independencia de Puerto Rico a cuán buena fuera la oferta de dinero que a él hagan los EEUU. Es fácil de entender que Puerto Rico no tiene el dinero para desarrollar su soberanía y se comportan como independentistas dependientes de los EEUU. Para así lograr su ideal que ahora se ha reducido a dólares y centavos. Dejémonos de cuentos los americanos no quieren más colonia y quien quiera independencia tiene que buscar el dinero para pagar la deuda pública y sostener el gobierno con los recursos propios. Él que quiera la estadidad tendrá que trabajar para pagar los impuestos federales. El ELA es una vergüenza para los EEUU porque no es democrático y es un estado parasitario del contribuyente norteamericano. No pare más estadidad o independencia. Es tiempo de decidir sin miedo y con confianza propia.

La gente ahora se va de Puerto Rico porque por los pasados siete años la economía no crece y no produce riquezas para sus habitantes. Esta es la historia y la causa de los movimientos migratorios humanos. Si hay países que se resisten al cambio, Puerto Rico es número uno mundialmente. Por los pasados 520 años Puerto Rico es y ha sido una colonia; primero de España y ahora de los EEUU. En nuestra historia nunca hemos sido un país independiente ni lo somos al presente. Esto no ha cambiado nunca. La interdependencia y la colaboración con los EEUU resultan del hecho de que Puerto Rico es una posesión territorial dependiente de los EEUU. Todos en los EEUU tienen intereses invertidos y posesiones en Puerto Rico por el título de propiedad que le otorga el Tratado de París de 1898 a los EEUU sobre la Isla. Los puertorriqueños vamos y venimos de Puerto Rico a los EEUU como las olas del mar. Una vez te vas y vives en los EEUU y experimentas una calidad de vida superior a la chatarra que le ofrece el gobierno de Puerto Rico al pueblo, se hace muy difícil regresar a la cueva de jueyes que es Puerto Rico. En donde las pocas riquezas del país, los dos partidos políticos, el PPD y el PNP, se las pelean a muerte como dos perros hambrientos.

Yo estoy muy de acuerdo con el planteamiento de mi colega y amigo Dr. Enrique Vázquez Quintana de que Puerto Rico es una colonia de los EEUU desde 1898 con el Tratado de París. Estoy completamente de acuerdo que el Congreso de los EEUU es el gobierno supremo en Puerto Rico. También coincido con la realidad anti-democrática de los EEUU para con Puerto Rico de no permitirle a los puertorriqueños el ejercer su derecho inalienable a la libre auto-determinación política del Pueblo de Puerto Rico. Nunca en la historia de nuestra relación política con los EEUU el Congreso ha legislado ni el presidente ha hecho ley el derecho democrático e inalienable del Pueblo de Puerto Rico a su auto-determinación política hasta que recientemente el Congreso aprobó por iniciativa del Presidente Obama celebrar un plebiscito en donde el pueblo se puede expresar sobre sus preferencias en la relación con los EEUU. Pero ellos no son los únicos culpables de nuestra dependencia colonial; pues plebiscito tras plebiscito hecho en Puerto Rico, con excepción del último en 2012, el pueblo ha favorecido la colonia mayoritariamente. El partido en el poder actualmente favorece la dependencia colonial. El estatus actual es también nuestra creación como pueblo. Estoy en desacuerdo de hacer demostraciones de desobediencia civil en contra de los EEUU y en favor del derecho a la autodeterminación porque esta es la mala fama que tenemos los puertorriqueños en los EEUU. Hemos intentando matar presidentes y congresistas de los EEUU en nombre de la independencia. Por lo contrario, propongo promover un movimiento para conseguir que el Tribunal Supremo de Puerto Rico valide un reclamo del derecho de los puertorriqueños para su auto-determinación política ante el Congreso de los EEUU. Cuando se haya logrado ese objetivo, la meta última será llevar al Tribunal Supremo de los EEUU el reclamo del pueblo de Puerto Rico a ejercer su derecho democrático mediante el voto popular a su auto-determinación política en un proceso supervisado y auspiciado por el Congreso de los EEUU. Esto al presente no es necesario y lo único que tenemos que hacer es llegar a un consenso para definir las alternativas válidas presentes en el plebiscito propuesto por Obama.

Ya Wall Street se dio cuenta de que el ELA no es soberano y que los puertorriqueños no gozan de gobierno propio auto-sustentable, su economía depende de préstamos y no de producción. La producción disminuye y el gobierno propone un mayor déficit con $800 millones adicionales en el presupuesto del 2013. Nos han empeñados a todos nosotros con $70 billones de deuda nacional y quieren seguir pidiendo prestado porque no se les ocurre cómo producir. Sueños de colonizado contento; más mantengo corporativo y nacional. Siguen soñando con las 936 a usanza del Situado Español. Tremenda estrategia; con una tarjeta de crédito pagamos la otra. Vamos por el mismo camino que el banco RR&G, hacia la bancarrota. Pero no hay que preocuparse pues hay empleos para todos y seguro universal de salud según AGP.

Nunca durante los 405 años de un sistema colonial español, donde ellos nombraron TODOS los gobernadores de Puerto Rico desde Juan Ponce de León, ni durante los pasados 115 años de control estadounidense quienes son ellos los que definen nuestros derechos constitucionales y elaboran las leyes supremas que rigen las vidas de los habitantes de la Isla, Puerto Rico ha tenido un gobierno propio. La razón fundamental siempre ha sido la misma; los puertorriqueños han fracasado en desarrollar y tener una economía productiva, auto-sustentable, auto-suficiente y competitiva a nivel internacional. El ELA no está completamente descartado en el electorado puertorriqueño; pues existe un 46% que prefiere el sistema del mantengo colonial que el de una economía auto-sustentable, auto-suficiente y competitiva y que atienda todas nuestras necesidades como pueblo. Es más fácil ser dependiente que auto-suficiente. Peor aún es que al presente, NINGUN partido político en Puerto Rico tiene un plan factible y viable para crear una economía productiva, auto-sustentable y autosuficiente para Puerto Rico. La ausencia de un plan nativo para crear este tipo de economía revive el conflicto básico del colonizado puertorriqueño que es el de la dependencia de un plan federal para crear un Puerto Rico productivo auto-sustentable, auto-suficiente y competitivo a nivel internacional que satisfaga todas las necesidades de todos los puertorriqueños. Ahora, ellos con sus problemas fiscales propios donde el gobierno federal estuvo cerrado y otro cierre no se descarta del todo y con nuestros líderes políticos en permanente estreñimiento colectivo productivo que no producen un plan de autosuficiencia económica nacional, hay ELA para rato. Estatus quo para rato, la Asamblea Constituyente del PPD y del PIP es sólo otro carnaval BBB ante la impotencia y mediocridad de la administración de la colonia contenta.

Para fines de este año fiscal, la falta de liquidez y solvencia del ELA dejará de ser el secreto mejor escondido para todos. La política presente de libros cerrados, donde no se publica toda la deuda a quién se le debe y cuántos son los números precisos de los indicadores económicos, como lo son las ventas del cemento, gasolina, energía y número de empleos no agrícolas, abonan a la desconfianza de los inversionistas y casas acreditadoras. Los bonos del ELA en la práctica son tratados como de la peor chatarra posible. La economía de Puerto Rico es de una de crisis fiscal perenne donde se depende de las ayudas federales y los préstamos para continuar funcionando el gobierno. Todos los partidos en la gobernación de Puerto Rico han sido incompetentes de crear un gobierno auto-suficiente económicamente. Todos también han demostrado ineficiencia, inefectividad y corrupción en el manejo de estos subsidios federales. En Puerto Rico se vive de subsidios y se vive un clima de continuo antagonismo entre el sector público no productivo y el sector privado productivo. De un país de mantengo colonial y colonizados contentos, no se puede esperar mucha producción de estas personalidades. Todos los partidos lo único que saben es engatusar al pueblo para ganar elecciones. Una vez ganan las elecciones, el estreñimiento intelectual predomina; toda decisión va dirigida a ganar votos. Cuando legalmente se declare los bonos del ELA a chatarra, las únicas soluciones para reestructurar la deuda serán la soberanía nacional con un pacto de libre asociación, la estadidad o la sindicatura del ELA bajo los federales al estilo de lo que hicieron con Washington D.C. Debido a la incompetencia gubernamental, todas las posibles alternativas estarán supeditadas al consejo y ayudas federales para ser implementadas. La transición del país de colonizados contentos a una nación orgullosa y competitiva de su economía nacional o a un productivo estado 51 de los EEUU será un proceso de largos años de transformación dirigida y resistencia terca de los favorecedores de las alternativas unas contra las otras. Todo esto porque al colonizado contento de Puerto Rico no lo une ni la peor de las crisis para alcanzar un consenso nacional en cómo activar nuestra economía, dejar la dependencia y ser auto-suficientes económicamente. Somos personalidades inmaduras en la perenne lucha troglodita; estilo los tres chiflados partidos políticos coloniales.

Para los inversionistas, el crédito del ELA ya es chatarra; por lo tanto, sus bonos valen de 60 a 70 centavos el dólar y los costos hacen record por lo alto de sus interese que están sobre el 10%. La deuda nacional es de $70 billones que es diez veces más que el promedio de todos los estados. Nuestra deuda ronda en los $14,000 por habitante. Al día de hoy, el gobierno no ha presentado sus estados financieros. Tan pronto los presente, la verdad se sabrá; el ELA está en bancarrota. El consumo de energía, la venta de cemento, la venta de gasolina y el empleo no agrícola todos disminuyeron en el 2013. El valor del crédito que por las mejorías en la economía que reclaman en el PPD es infundado. Todavía son billones de dólares que el Sistema de Retiro no tiene dinero para pagar sus obligaciones. La deuda nacional continua aumentando y la producción nacional disminuyendo.

Ya es tiempo de que el PPD deje los embustes y comience a hablar de la libre asociación con los EEUU como republica asociada para ponerle solución al colonialismo en Puerto Rico y sus nefastas consecuencias en nuestra economía. ¿Quién en el PPD tiene las neuronas suficientes para coger el toro por los cuernos? La realidad de un ELA dependiente de los EEUU y el Congreso es innegable. Puerto Rico nunca en su historia ha sido auto-sustentable. Dependemos de las ayudas federales y en el pasado, del situado. Las grandes compañías norteamericanas, al igual que la marina mercante, se benefician del mercado cautivo del consumidor puertorriqueño obsesivo y poco crítico del consumo de sus monopolios. Este estado de situación ha sido auspiciado y alcahueteado por todo gobierno en la Isla. Pues ellos son los primeros en repartirse el bacalao federal; una para el pueblo y tres para ellos. Son los partidos políticos los que más se benefician en Puerto Rico del estado de situación presente; no seamos ingenuos. Es este ciclo de dependencia patológica, el cual negamos, lo que nos hace colonizados contentos.

La simbiosis que impide el crecimiento económico en Puerto Rico es la dependencia de los partidos políticos con el aparato gubernamental y el presupuesto del gobierno. El presupuesto aprobado le da vida a los partidos políticos y a todos esos empleados gubernamentales que ponen y quitan partidos del poder en cada elección. El presupuesto, con sus medidas impositivas, va dirigido a financiar el gasto gubernamental con las ganancias de la empresa privada. Circunstancias que disminuirán el crecimiento del sector privado y eventualmente conllevará menos recaudos y agudización de la grave crisis económica que nos encontramos en Puerto Rico. Es posible que sólo la chatarra confronte a los partidos políticos y a los gobernantes para aceptar que son ellos principalmente, con sus tendencias egoístas e individualistas, que sólo defienden los intereses de los suyos y no los del pueblo quienes impiden el crecimiento económico en Puerto Rico. Lo peor de todo es que al ELA no le cubre la protección federal del Capítulo 9 de la Ley de Quiebras Federal como pasó con Detroit porque Puerto Rico es un país extranjero para los EEUU. El PPD lo sabe pero se lo ocultan al pueblo que son ignorantes y sometidos feligreses y seguidores del partido sin pensamiento crítico ni criterio propio.

Lo que está en el aire no es la papa caliente, sino nuestros cerebros. Todo lo vemos desde una perspectiva idealista sin finalidad práctica. Todos hablan de tal o cual ideal pero ninguno dice como realistamente se puede lograr. El problema fundamental que nadie resuelve es, ¿cómo podemos tener una actividad económica auto- sostenible? ¿Cómo los puertorriqueños, con nuestro trabajo y recursos, podemos auto- sostenernos? Al momento de llevar a la práctica el ideal profeso todos llaman al Tío Sam.

Los colonizados contentos son analfabetos de los procesos socio-económicos e históricos sobre Puerto Rico. Puerto Rico SIEMPRE ha tenido una crisis fiscal por los pasados 520 años. SIEMPRE la economía local ha dependido de los subsidios de las metrópolis, no de su producción nacional. La producción nacional NUNCA ha estado bajo nuestro control. Cuando la producción de azúcar en Puerto Rico estaba es su apogeo mundial, sólo podíamos retener en la Isla un 30%. El resto fue para los norteños. Las 936 fueron sólo otro subsidio federal como también lo es la triple exención de impuestos de los bonos del ELA. Estos bonos son tratados como bonos de cualquier estado de los EEUU pero con privilegios únicos al ELA por su triple exención contributiva. La única solución que se les ocurre a estos populares defensores del ELA es más subsidios federales. Los populares odian el sistema federal, pero están pillados porque dependen de ese sistema. ¿Qué pasará con el ELA cuando sus bonos estén obligados a pagar impuestos federales?

Los derechos humanos se elaboran en el contexto de los principios de la responsabilidad individual y la justicia social. Cada derecho reconocido tiene intrínsecamente unas responsabilidades adscritas. En el contexto colonial de Puerto Rico se habla de derechos humanos como si fueran antagónicos a la responsabilidad individual. Todo en la Isla es un derecho adquirido; las responsabilidades por velar por nuestra salud física, mental y económica se proyectan como responsabilidades del gobierno y no de los individuos. El mantengo colonial por los pasados 520 años nos hace creer que todo es un derecho sin responsabilidades. Sólo el 40% participa laboralmente en la producción nacional y el resto vive del gobierno y las ayudas federales. Cada cuatro años, elegimos al que más nos ofrece de gratis al punto que AGP asegura que es un derecho constitucional el tener un trabajo. Este es el colmo del populismo administrativo gubernamental. Si muy bien es cierto que pocos conocen sus derechos humanos, menos conocen sus responsabilidades individuales. Esta es la típica mentalidad del colonizado contento en Puerto Rico.

Los independentistas son los peores colonizados contentos. Odian a los norteamericanos pero no saben vivir sin ellos. Sueñan con compensaciones millonarias por el trauma de la colonización; perro flaco soñando con longanizas. En las vistas del Senado de los EEUU en el Comité de Energía y Recursos Naturales, a Rubén sólo se le ocurrió para hacer viable la independencia en Puerto Rico pedirles al Senado que les hagan una buena oferta y lo pensarían; sí Pepe. Independencia es sinónimo de sustento propio, no más de lo mismo de que los trabajadores norteamericanos nos sigan manteniendo. Presenten un plan racional para poner la gente a vivir del trabajo propio, no de gobierno y las ayudas federales y serán una mayoría. Claro está que el principal impedimento es que somos felices siendo colonizados contentos y viviendo del mantengo norteamericano. "Yanquis go home, but leave your money here".

No es de extrañar que AGP (Rey Momo) y el PPD, partido de la gran mentira soberana (ELA), continúen su eterna tradición de mentir. Mienten al decir que el gobierno y el BGF están solventes cuando hay 50 municipios no solventes, cuando la AAA, la UPR, el retiro de maestros, la Autoridad de Puertos y la AEE tienen problemas de liquidez. Continúan mintiendo cuando dicen que les vale la opinión de las agencias crediticias; son más mentiras al decir que Puerto Rico tiene independencia fiscal cuando en realidad, el presupuesto gubernamental depende de las ayudas federales en 25% y la economía circulante es un 25% dinero federal. Sigue mintiendo cuando el 90% de la producción nacional es sinónimo de deuda nacional y pago del retiro de los maestros. Este gobierno se merece la chatarra por sus continuas mentiras de que hay crecimiento económico cuando, en realidad, hay contracción económica de sobre el 5%. Continúan mintiendo cuando dicen que hay aumento de la fuerza laboral. Pues el aumento se debe a que hay más desempleados y menos gente con empleos. Peor aún es mentirle al pueblo de que el gobierno del ELA tiene la autoridad y jurisdicción de poder reestructurar la deuda nacional cuando sólo el Congreso de los EEUU la tiene. Cuando llegue la chatarra y se haga obvia la realidad ocultada de la insolvencia del ELA y el gobierno tenga que cumplir su deber constitucional de pagar con preferencia a los inversionistas y no a los policías, maestros y todo empleado gubernamental, sabremos quién en realidad manda en la colonia de Puerto Rico.

No se necesitan asesores federales para entender que no es una buena práctica financiera coger prestado para pagar los préstamos y gastos de día a día. De esto es lo que se trata la asesoría; los gastos gubernamentales deben parearse con los ingresos porque ya la deuda es un 105% del GNP. Con una economía crónicamente no competitiva, una participación laboral de un 40% y un desempleo de 16%, son pocas las esperanzas de cuadrar los presupuestos gubernamentales con mayor producción nacional. Ahora que parece inminente la degradación del crédito del ELA a chatarra, los federales pretenden aparentar de que les importa la crisis económica de los pasados ocho años en Puerto Rico. El presidente Obama quiere que se mantenga como una opción la colonia del ELA, pero las circunstancias lo obligan a aparentar que, bien manejada por ellos, la colonia funciona; triste decepción se llevará. Si eventualmente los bonos municipales fueran a pagar impuestos federales y las corporaciones foráneas en Puerto Rico no tuvieran la exención de dólar por dólar de impuestos federales vs. los impuestos del ELA, la bancarrota de Puerto Rico está a la vuelta de la esquina. Primero chatarra, luego bancarrota; esa es la realidad fiscal de Puerto Rico. En Casa Blanca hicieron el anuncio de la visita de los federales a Puerto Rico partiendo de la premisa de que los puertorriqueños estamos enajenados de lo pasa en los EEUU. Cuando lleguen los federales a Fortaleza, de lo que se darán cuenta es que ambos partidos, PNP y PPD, están en una lucha fratricida, irracional de echar culpas el uno al otro y de no aceptar los errores cometidos. La incompetencia de ambos partidos en no crear una economía nacional auto-suficiente, auto-sustentable, productiva y competitiva hará claro que la visita de 6 meses tendrá que prolongarse por los próximos 60 años.

Parece que se va a dar versión criolla de Bernard Madoff en Puerto Rico. Implícita está la admisión de ser el creador del apalancamiento financiero que él aquí propone. Apalancamiento que está siendo investigado como contraria a algunas políticas administrativas. Uno de sus apalancamientos famosos fueron los billones de dólares emitidos en bonos cuando AAV dijo que eran necesarios para salvar el Sistema de Retiros del ELA. Que ahora forman parte de nuestra deuda nacional. Para cada uno de nosotros, nos tienen empeñados por más de $20,000.00 por persona con sus apalancamientos para el gobierno y las corporaciones arrimadas.

Pierluisi debe de irse a llorar para maternidad; con 828,077 votos para el ELA contra 834,191 a favor de la estadidad no es una diferencia estadísticamente significativa. La demagogia política es la única que ha ganado claramente en Puerto Rico. Les hacen falta muchos esfuerzos de educar a todo el pueblo de Puerto Rico para que con conocimiento prefieran la estadidad. Educación que ninguno en el PNP puede ofrecer pues todos en el partido, incluyendo el Comisionado Residente, son ignorantes. La estadidad no se puede lograr para Puerto Rico al trágala ni como un acto de fe, sino de educación. Deberían de empezar por educarse ellos con estudios que evalúen objetivamente los beneficios de la estadidad para Puerto Rico en consideración de las realidades tanto de Puerto Rico como de los EEUU. Cuando el GAO produzca su estudio este verano, le recomiendo lo estudie bien para que pueda educar al pueblo. También les convienen hacer sus propios estudios para así no continuar dependiendo totalmente de los de los EEUU. Ya es tiempo que dejen de competir con el PPD en demagogia para evidenciar conocimiento y madurez científica ante el pueblo en lugar de la politiquería infantil a nos tienen acostumbrados todos estos políticos colonizados.

Que no son naranjas, que son limones; $70 billones de deuda nacional. Nuestros gobernantes han endeudado a los puertorriqueños con la deuda per cápita más alta de cualquier estado de los EEUU por $40,000.00 por individuo. Este es el talón de Aquiles de los independentistas. Tienen la cabeza dentro de la arena queriéndose hacerse los chivos locos ante la deuda nacional. Rubén fue más allá en las vistas del Senado y les pidió a los senadores que les hicieran una oferta y si les convenía, insistirían en la independencia para Puerto Rico. De lo contrario, el ideal se renuncia ante la realidad de la mediocridad administrativa de todos los gobiernos en Puerto Rico con su gigante deuda nacional. Lo nuevo de los independentistas es luchar por la independencia siempre que sea financiada por los federales. Bájense de esa nube; típico pensamiento mágico del colonizado.

Somos colonia porque hemos querido ser colonizados contentos viviendo de la vagancia y el mantengo colonial donde las ganancias no se quedan aquí y el monopolio de la marina mercante controla el comercio. Seguiremos siendo colonia por los muchos acomplejados que se flagelan estilo Opus Dei. Colonizados contentos que son muchos ahora y que a través de los tiempos, han sido mayoría. El hábito de colonizados contentos nos hace inmovilizados por el miedo a la descolonización de Puerto Rico. Los requisitos para la independencia de Puerto Rico de los EEUU y los requisitos para otorgar la estadidad son diametralmente distintos y opuestos. Primero, está el asunto de soberanías. Para la independencia de Puerto Rico de los EEUU, tendrían ellos que renunciar a la soberanía que actualmente sustentan sobre Puerto Rico basada en el Tratado de París de 1898, firmado por España y sus representantes al igual que los EEUU. Para otorgar la estadidad a Puerto Rico, el Congreso no tiene que renunciar a la soberanía que al presente tiene sobre Puerto Rico. Segundo, de reconocer la independencia a Puerto Rico, los EEUU tendrían que definir y luchar por maneras de cobrar la deuda nacional de Puerto Rico con los bonistas norteamericanos. Con una deuda a los bonistas norteamericanos de $70 billones, el gobierno federal no estará dispuesto a abdicar a su soberanía. El Congreso de los EEUU puede hacer lo que guste con Puerto Rico. Pero, por sobre todo, estará defendiendo sus intereses propios que son muchos en Puerto Rico. El historial del Congreso hacia Puerto Rico ha sido uno de continuos subsidios. Anticipo que el mayor subsidio de ellos será un ofrecimiento de estadidad. De esta manera, conservan los derechos de propiedad, se benefician de un mercado cautivo y no competitivo internacionalmente, dependiente de los préstamos y ayudas de los EEUU y, por sobre todo, no renunciarán a su soberanía sobre Puerto Rico. Con la estadidad y la abdicación de la soberanía nacional de los puertorriqueños ante la federal, los EEUU aceptan la deuda nacional de los puertorriqueños como propia.

El Obamacare, ACA (Affordable Care Act), parte de la premisa de que la salud es una responsabilidad individual, pero el gobierno tiene la responsabilidad de facilitar el acceso a los servicios para la población general. En el plan el sector público y el privado están integrados y forman una red grandísima de servicios médicos de calidad. Para el 2014, todo ciudadano en los EEUU está obligado a comprar un seguro para así cada individuo aportar económicamente al sistema de salud integrado. Para cumplir con la obligación de facilitar el acceso, la ley creó una red de intercambios de seguros federales con ayuda adicional. Puerto Rico tuvo la oportunidad de ser parte del centro de ventas de seguros médicos federales y no lo hizo a tiempo. La ley exige que si el estado o territorio decide por no participar en el centro de ventas de seguros federales, está obligado a crear su propio centro de ventas de seguros. Aquí es donde el sector público y privado se une para ofrecer distintas cubiertas de seguros médicos, sin la exclusión de enfermedades pre- existentes, sin límites máximos, con servicios primarios gratis, salud mental, dental y una cubierta de servicios muy generosa y de calidad de servicios. Esa es la obligación del gobierno de Puerto Rico bajo el Obamacare. Claro está dispuesto en la ley que los territorios no están obligados a hacer compulsoria la compra de seguros médicos, esto en consideración de la precaria condición económica de la población en Puerto Rico. Hay que cumplir con la ley o pretender gobierno propio y no aceptar la subordinación sumisa del estado colonial, exponiéndose a una demanda federal por incumplimiento de la ley federal.

El presupuesto del Departamento de Salud en Puerto Rico depende sustancialmente de las ayudas federales mediante los fondos del Medicaid. Estos fondos son asignados a Puerto Rico en bloque con un tope máximo. En los EEUU son asignados mediantes fórmulas poblacionales de la gente médico- indigente en cada estado. La legislatura en Puerto Rico no tiene ningún control de estas asignaciones. Este será el primer y más grande problema para implementar un seguro universal de salud en Puerto Rico- su financiamiento. Con un déficit fiscal y pobre crédito son pocas las opciones para su financiamiento. En segunda instancia, un pagador único requiere una red extensa de proveedores y facilidades que estén dispuestas a aceptar las cubiertas y los niveles de pago; esto está de por verse. Por último, en todo sitio donde existen estos sistemas hay racionamiento donde administradores deciden qué servicios se cubren y hasta cuándo. Despectivamente, se les llama la junta de la muerte.

Es sorprendente de que ninguno de estos expertos en los asuntos de salud no hayan mencionado la fecha de octubre primero que es cuando el ACA comienza la mayor parte de la ley hacer efecto. Comenzando en ese momento y hasta fines de diciembre, la población norteamericana está obligada a comprar un seguro médico o ser multado por el gobierno federal como otro impuesto más. Se compran estos seguros en los centros de intercambio y ventas de seguros de salud, organizados por el gobierno federal o el estado promoviendo la competencia y abaratando los costos. Los servicios médicos en Puerto Rico aparentan estar en toda desconexión con lo que está pasando en los EEUU, la mayor reforma de los servicios de salud en los EEUU en tiempos modernos - Obamacare. Es triste ver tanto profesional enajenado de las realidades de Puerto Rico. Los millones de dólares que componen el 50% del presupuesto de la salud pública en Puerto Rico provienen del gobierno federal. Estos dineros, su uso y distribución están regulados por la ley de reforma de salud de los EEUU, mejor conocida como Obamacare. Me pregunto, ¿cuántos conocen la ley y se habrán dado cuenta que si no cumplen con la ley ponen en riesgo perder esos dineros y entonces con qué dinero financiarán los servicios médicos en Puerto Rico?

Aunque la salud no es un derecho constitucional bajo la Constitución de los EEUU, la reforma de los servicios de salud en los EEUU, mejor conocida como Obamacare, establece la responsabilidad del ciudadano de comprar un seguro de salud privado y el derecho del ciudadano para que el estado facilite este proceso, creando centros de compras de seguros privados subvencionados por el gobierno para los médico-indigente. El mayor impedimento para reformar los servicios de salud en Puerto Rico es la cultura populista prevaleciente en Puerto Rico de que para el tratamiento de todas tus enfermedades, es el estado quien tiene la única responsabilidad de darte acceso al mejor tratamiento médico disponible, libre de costos para el individuo y sólo costos para el estado. Esto es una fantasía porque ningún gobierno en Puerto Rico ha sido capaz de lograr tan absurda meta. Lo primero que hay que hacer claro, respecto a los servicios de salud en Puerto Rico, es tener expectativas realistas. Los servicios de salud en Puerto Rico dependen en su mayoría de las ayudas federales. Los servicios médicos públicos en Puerto Rico son de calidad inferior. Por esto, todo el que puede se trata en los EEUU, no en Puerto Rico. Todo ciudadano tiene que asumir su parte en la responsabilidad por su salud, manteniendo un buen BMI (Body Mass Index), manteniendo estilos de vida saludables, minimizando los malos hábitos de salud mediante buena nutrición, control en el uso de bebidas y drogas, chequeos médicos periódicos preventivos, y contribuir económicamente para la preservación de un sistema de salud saludable, eficiente y efectivo. Con un sistema con la inteligencia suficiente para determinar cuáles son los tratamientos cubiertos por los seguros, donde se prolonga la vida en términos de costos racionales, sostenibles y auto- sustentables. Estos servicios determinados por juntas de profesionales médicos, que sean costo efectivo y de responsabilidad del esfuerzo colectivo de toda la comunidad con todos asumiendo una responsabilidad económica.

La colonia de Puerto Rico va como el salmón respecto al Obamacare. La reforma de salud de los EEUU, Obamacare, define la salud como una responsabilidad individual y define el rol del gobierno como uno de facilitador al pueblo hacia acceso a los servicios de salud. En los EEUU, se dieron cuenta de que si toda la población no aporta económicamente los servicios de salud en los EEUU, colapsarían. La separación de servicios privados y públicos está destinada a desaparecer con los centros de intercambio y ventas de seguros de salud creados por la ley y financiados con ayudas federales. En Puerto Rico, el populismo gubernamental y la personalidad de colonizados, mantenidos contentos, nos hacen esperar que la salud sea un derecho y que todos tengan gratis los servicios; perro flaco soñando con longaniza. Al gobernador se le pasó la oportunidad de participar en los centros de intercambios de seguros federales, así como algunos estados. Ahora, están obligados a crear su propio centro de intercambio y venta de seguros de salud. Los territorios son la excepción. En Puerto Rico, se podrá utilizar los dineros del Medicaid para ampliar la cubierta de los servicios de salud a la población general. La Triple S será en Puerto Rico el único asegurador.

Un seguro de salud con el gobierno como pagador único es socializar la medicina en Puerto Rico. Como médico me pregunto, ¿si vamos a socializar la medicina, por qué no cogemos impulso y socializamos los medios de comunicación y también los ponemos al control del gobierno? Tanto derecho tenemos los proveedores de servicios de salud como los medios de comunicación. El gobierno como pagador único en salud será análogo a todos los monopolios que tiene actualmente el gobierno de Puerto Rico; un fracaso rotundo. Con un pagador único serán muchos los médicos que abandonen a Puerto Rico en busca de mejor remuneración por sus servicios. Lo digo por experiencia propia. Las listas de espera por servicios serán muy largas. También surgirá el famoso panel de la muerte, administradores que deciden tratamiento y duración de ellos basados en costo eficiencia y no en los deseos del paciente. Cojan oreja con lo que está pasando en España y como la salud de los españoles va en picada.

La movida de AGP no es una plataforma de seguro universal, sino lo contrario. Es usar el dinero del Obamacare para ampliar los servicios de salud a los médico-indigentes y hacer a Triple S más rica. Los costos terminarán arruinando el sistema si todos no aportamos económicamente. La obligación de comprar seguro médico según dispuesto en ACA no es de aplicación en Puerto Rico y el gobierno ha estado de acuerdo con no hacerla obligatoria. Sólo el médico- indigente se beneficia con la disminución del máximo de ingresos para cualificar para un seguro de salud. Los costos del sistema de salud para el gobierno sólo disminuirán si se sigue al pie de la letra el ACA y se hace compulsorio la compra de seguros de salud. So pena de multas. También creando competencia entre las aseguradoras, no con monopolios. Todo lo hecho en Puerto Rico es una movida para promover la dependencia en el gobierno y comprar votos.

Lo que tiene en franco deterioro al Departamento de Salud de Puerto Rico es la falta de visión de unos objetivos claros para su funcionamiento. Es un conflicto perpetuo. Aquellos que creen que los servicios médicos deben de ser gratis para todos y que todos debemos tener una cubierta básica pagada por el estado y teniendo al estado como pagador único. Contra aquellos que favorecen eliminar la división de servicios públicos y privados y sustituirla por un modelo de colaboración mutua y libre competencia. En los EEUU, está comenzando a entrar en efecto las disposiciones de la ACA, definiendo unas claras metas y transformaciones en los sistemas de salud. Nuestra administración aparenta ignorar las regulaciones y cambios que ordenan en la ley ACA. Los gobernantes en Puerto Rico tienen a Puerto Rico en la chatarra. Con el seguro universal y con el gobierno como pagador único, los servicios de salud también serán chatarra.

La inmadurez emocional en la personalidad del puertorriqueño está directamente reflejada en la continua y perenne lucha troglodita de nuestros partidos políticos al estilo de los tres chiflados. Su madurez emocional tendrá que manifestarse mediante un consenso de los tres partidos en la definición de las opciones descolonizadoras que deberán aparecer en el plebiscito propuesto por el Presidente Obama y auspiciado por el Congreso de los EEUU. La inmadurez y la dependencia emocional institucionalizada por nuestros gobernantes se reflejan directamente en sus filosofías administrativas en sus cortes de tipo populista. Su inmadurez tendrá que ser transformada por una administración gubernamental que promueva la responsabilidad individual. La inmadurez de la población general está directamente reflejada en su dependencia al gobierno estatal y federal. Esa inmadurez tendrá que ser transformada en la sustitución de la dependencia hacia la independencia y responsabilidad por el sustento individual y su responsabilidad hacia la salud individual y económica de los individuos. Tanto la dependencia e inmadurez individual como nacional tendrán que transformarse en un consenso nacional que nos lleve a aceptar el objetivo de ser una economía responsable e individuos responsables cuando aceptemos que todos somos puertorriqueños en búsqueda del bien colectivo. Somos todos una sola identidad nacional en consecución de un consenso nacional que nos lleve a nuestra independencia y auto-suficiencia económica. Nuestro día a día se caracteriza por una lucha individualista sin consensos colectivos por el bienestar de todo Puerto Rico. Llegó el momento de luchar todos en consenso por el bienestar de todo Puerto Rico. Todos tenemos la responsabilidad de actuar en conjunto para zafarnos de esta recesión y prestigio de chatarra que nos ha llevado la falta de consenso nacional y la inmadurez emocional. Las palabras claves en este momento son consenso nacional de una identidad puertorriqueña y la lucha para una clara identidad nacional con auto-suficiencia económica. Sólo así podremos salir de la chatarra y encaminarnos a una reestructuración de la deuda nacional que nos permita el aumento en la productividad nacional y la auto-suficiencia de la nacionalidad puertorriqueña.

Capítulo Tres

Ser o no ser Subordinado ante el Congreso de los EEUU

Número Tres

El individuo es subordinado y sumiso hacia la voluntad de los Estados Unidos para Puerto Rico.

La dimensión número tres se refiere a la relación con figuras de autoridad. Describe el grado de sumisión y crítica ante la metrópolis. Se refiere al grado la dependencia del criterio externo y la ubicación del foco de control del comportamiento.

La personalidad colonizada se caracteriza por el individuo que:

Es sumiso ante la autoridad; no es crítico ante el poder de la metrópolis norteamericana. Es dependiente del criterio externo y el foco de control de su comportamiento es externo.

La personalidad no colonizada se caracteriza por el individuo que:

Es crítico ante las figuras de autoridad. Tiene criterio propio pero es flexible y racional ante la metrópolis. El foco de control de su comportamiento es interno. Es independiente del contexto.

1	2	3	4	5
Dependencia y Sumisión ante Los E. U.	Comienza a ser crítico de los E. U.	Ambivalencia ante los E. U.	Comienzo de criterio propio ante los E. U.	Criterio propio ante los E. U.

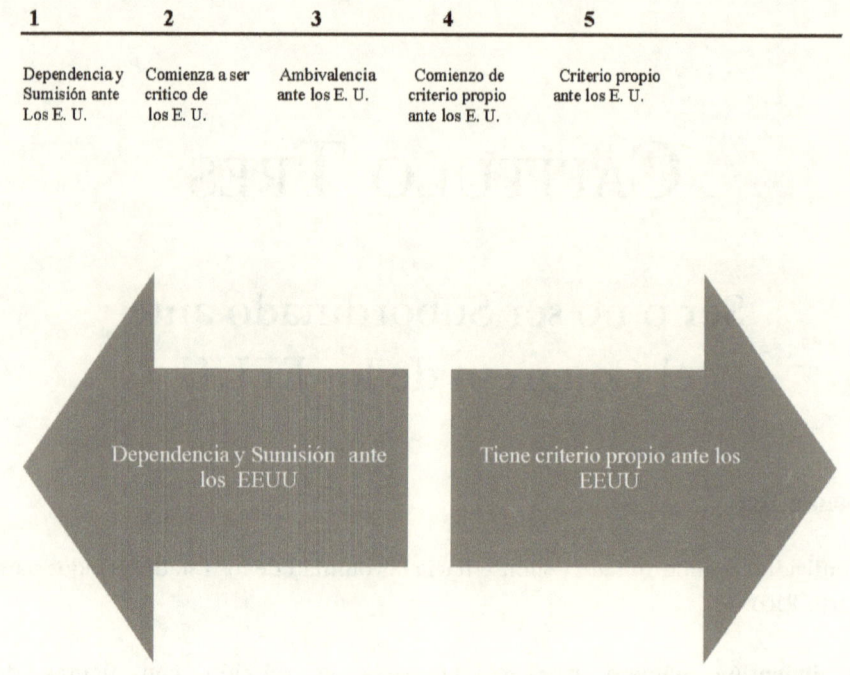

Dependencia y Sumisión ante los EEUU

Tiene criterio propio ante los EEUU

Hablando claro, es ley el proyecto del plebiscito auspiciado por el Congreso y propuesto por el Presidente Obama con la participación del Secretario de Justicia Federal, Eric Holder, para resolver el problema de status de Puerto Rico. El gobernador no tiene la autoridad ni el poder de objetar una ley del Congreso. Lo que puede hacer es prolongar la agonía y citar a todos los panas, allegados y buscones, a tener un prolongado monólogo sobre sus fantasías para obstaculizar el proceso decisional descolonizador. Es obvio que con la crisis fiscal y el crédito en chatarra en los mercados de valores los consejos de los federales se convierten inmediatamente en acción. Veremos cuán agresivos se comportarán para obtener el poder necesario para restructurar la deuda nacional y aumentar la producción nacional en Puerto Rico. Esta es la gran oportunidad para ver quiénes son los verdaderos soberanistas y quiénes son estadistas en el PPD. El gobernador carece de criterio propio; lo que Moody dice, el gobernador hace. En estos momentos, él debería estar defendiendo la adquisición de más poderes para los puertorriqueños para así mejor defender y poder restructurar la deuda nacional y tener dinero suficiente para promover aumentos en la producción nacional en Puerto Rico.

El máximo de autonomía posible en su relación permanente con los EEUU significa convertir a Puerto Rico en el estado 51 de la nación americana. Ojalá se atreviera el gobernador a decir exactamente eso en el Senado cuando asista a la vista para discutir los resultados del plebiscito del noviembre 6 del 2012 pero lo dudo. Para mí eso es insignificante lo que diga o no diga; puesto que su voz será opacada por lo que digan la voz del representante de Casa Blanca y los senadores norteamericanos que tienen sus posiciones claramente definidas en lo que quieren y no quieren de la relación entre Puerto Rico y los EEUU. Contrario a los nuestros que condicionan lo que quieren a lo que los senadores norteamericanos y Casa Blanca vayan a decir. Entonces ellos, los representantes de los partidos políticos invitados de Puerto Rico, tratarán de definir las mejoras autonómicas al ELA lo que para ellos significa su opción y el modelo a seguir sobre la relación entre ambas comunidades. Este es típico comportamiento de la personalidad colonizada en estos representantes nuestros que actúan de manera sumisa y subordinada al decir del Congreso sin decir lo que quieren específicamente ellos. El pueblo tiene el derecho de conocer de antemano cuáles son esos modelos que ellos defienden en nombre del pueblo de Puerto Rico.

Cuando las vacas están flacas en Washington, nuestros delegados pordioseros profesionales oficiales no tienen leche que chupar. En una atmósfera de disfunción tan seria y severa en el Congreso, es de buenos subordinados colonizados callar y aceptar la patología del gobierno federal sin causar mucho ruido para que los cortes no se hagan extensivos a Puerto Rico. Nuestras personalidades de sumisos colonizados contentos nos lleva a ver como consuelo propio el déficit federal, ignorantes que un "default" federal a su deuda soberana destruirá a Puerto Rico. Sordos y mudos nos mantenemos porque legalmente no podemos hacer nada excepto que Puerto Rico proclame su independencia. En la alternativa que solicitemos la estadidad para Puerto Rico tendremos dos senadores y cinco representantes que no tengan que meterse el rabo entre las piernas como lo hacen Pierluisi y Hernández Mayoral. La salida del callejón sobre el presupuesto y el tope de la deuda nacional en el Congreso anticipan una alianza de demócratas y republicanos contra el Tea Party que puede que le cueste la posición del Speaker de la Cámara, John Boehner. Anticipo de este presagio ha sido la aprobación del pago a personal federal "no esencial" por consenso entre demócratas y republicanos. Este puede ser el comienzo de una era de mayor tolerancia con las minorías, mayor respeto y remuneración para los trabajadores norteamericanos. En ese nuevo escenario posible y deseable, la nación norteamericana contra el Tea Party, serían posibles la reforma de migración en los EEUU, el aumento del salario mínimo federal, el Obamacare y la independencia o la estadidad para Puerto Rico.

Definitivamente, en una relación hay dos partes. Lo que quiera una parte no necesariamente es lo que quiera la otra; en este caso, el pueblo de Puerto Rico y el gobierno Federal de los EEUU. Para eso es que en el plebiscito propuesto por el presidente Obama está dispuesto que, aunque diseñado por el gobierno de Puerto Rico, las definiciones de las opciones de estatus posibles serán determinadas congruentes con la Constitución de los EEUU por el Secretario de Justicia Federal y no por los partidos políticos de Puerto Rico. Esta es la primera vez en nuestra historia de 520 años de colonización en Puerto Rico que el Presidente de la metrópolis le pregunta directamente al pueblo de Puerto Rico y no a los partidos políticos mediante voto popular sobre sus preferencias de estatus. Todas las opciones de estatus tendrán que estar meridianamente definidas por los partidos políticos (cosa que todos hacen mediocremente) y todas las definiciones de estatus tendrán que ser aprobadas por el Secretario de Justicia de los EEUU.

Déjense de cuentos de camino; quienes deben de pagar más dinero de lo que aportan actualmente son los bonistas, inversionistas, multinacionales, la marina mercante y el gobierno federal de los EEUU. Tanto que hablan y no se atreven demandar al gobierno federal por los daños causados en Vieques, cobardes. Tienen toda la evidencia médica y no saben qué hacer con ella para el beneficio del pueblo de Puerto Rico excepto aceptar dócil y sumisamente que las causas de las enfermedades crónicas son responsabilidades de los individuos debido a sus malos hábitos de vida haciendo el gobierno de Puerto Rico parte responsable. También hace a los individuos responsables por sus condiciones médicas causadas por el bombardeo de la marina. Si son tan machitos como dicen, ¿por qué no le poden impuestos a la marina mercante, a los bonistas e inversionistas y los ponen a pagar contribuciones estatales y locales, como todos los estados de la federación norteamericana? Cobardes que son de perder las ayudas federales sin tener pagar impuestos federales por el ingreso individual sin hablar de las dietas, salarios y demás privilegios únicos de los políticos en Puerto Rico.

Del árbol caído todo el mundo hace leña. Que no critiquen mucho en la Legislatura, pues se les acabó el mambo. Ahora tendrán que regresar a la escuela, oír, aprender y actuar de acuerdo a las lecciones federales de cómo administrar la colonia. Para los que no entienden inglés que se compren un Rosetta Stone. Estúdienlo bien antes de diciembre pues por los próximos 6 meses speaking inglés with jíbaro acento será la orden del día.

Desde el origen de los partidos políticos puertorriqueños, siempre ha existido una indefinición de la identidad del puertorriqueño. El primer partido tenía dos facciones; una a favor de la integración y otra a favor de la independencia hacia España. Desde sus comienzos el objetivo de los partidos fue resolver el problema de identidad; problema aún no resuelto y no la sana administración por el bien común. El bien común nunca ha sido prioridad. Para complicar el problema de identidad, en 1898 entraron los americanos y en el 1917, de golpe y porrazo, nos convertimos en ciudadanos norteamericanos. Ha sido como echarle sal a la herida no sanada. Ante el fuerte sentimiento nacionalista de los cincuentas, surge el ELA con el cuasi -gobierno propio. Este evento acentúa el problema de identidad y falta de patrimonio nacional con el colonialismo en Puerto Rico. El ELA se convierte en el patrimonio nacional; el gobierno y sus corporaciones desde entonces son el pacificador de los puertorriqueños. El supuesto gobierno propio es lo único que nos pertenece y desde entonces el gobierno es el sinónimo de país. País dividido por la falta de identidad y dependencia de las metrópolis. El gobierno se convierte por decreto de LMM (Luis Muñoz Marín) en el principal patrono. Ahora el principal patrono en Puerto Rico lo es el Departamento de Educación, incluyendo la UPR (Universidad de Puerto Rico). En el contexto de una indefinición de la identidad con unos afirmando que ser puertorriqueños es ser contra americano y otros diciendo que el puertorriqueño debe de asimilarse a los EEUU, la administración pública se ha convertido en el terreno de batalla de la amorfa identidad puertorriqueña. En el presente lo que vemos es el presagio de LMM ante el Congreso en 1952. Él les dijo, "de otorgarnos soberanía para asuntos locales y de nosotros volvernos locos, ustedes todavía retienen el poder por virtud de la Ley Jones de intervenir a su antojo". Esto es lo que están haciendo al día de hoy con la intervención federal en la administración pública del gobierno del ELA. Le llamen o no síndicos, la verdad es que la Policía y ahora, el equipo económico de AGP, están siendo intervenidos por falta de congruencia con los procedimientos federales. Este es el colmo de la subordinación del colonizado puertorriqueño. No es cuestión únicamente de electoralismo, sino también un problema de identidad y falta de gobierno propio que sólo se adquieren acabando con la subordinación sumisa y logrando la soberanía nacional o la estadidad. Puertorriqueños españoles o puertorriqueños norteamericanos; he ahí el dilema.

Bienvenidos a la colonia del baile, la botella y la baraja que es Puerto Rico. Todos a bailar, beber y comer en el Big Apple. Los políticos en Puerto Rico se han constituidos en una clase aparte con súper privilegios que nadie más tiene. No creen posible que sus prácticas estén incorrectas y nos llevarán a la bancarrota. Sólo saben que quieren un presupuesto mayor y que lo conseguirán con mayores impuestos. No cobran conciencia que ellos son el principal estorbo con sus ejemplos que impiden el aumento de la producción nacional en Puerto Rico. Sigámoslos todos a dejar de trabajar para entonces jugar, bailar y beber como lo hacían los esclavos en los días de la esclavitud. Todos colonizados contentos; ante mal tiempo, buena cara. El país al borde de la chatarra, pero ellos tienen su bailecito seguro en el Big Apple.

El destranque entre los tres chiflados partidos colonialistas en Puerto Rico lo decidirá sus jefes, el Congreso de los EEUU. Los pocos puertorriqueños que vimos y volvimos a ver repetidamente por no creer lo que estaba ocurriendo y diciéndose allí en las vistas del Senado de los EEUU para tratar los resultados del plebiscito del 2012, sabemos cómo se resolverá el problema del estatus. Que según el senador Wyden, se asemeja al largo tiempo de la Guerra de Troya. El Senado y específicamente el Comité de Energía y Recursos Naturales implementarán un plebiscito en Puerto Rico donde decidiremos entre dos alternativas; estadidad o independencia. Se acabó el ay bendito, la indefinición y el colonialismo en Puerto Rico. Lo que no han podido resolver los partidos políticos en Puerto Rico por tan largos años será el Congreso quien nos ponga entre la espada y la pared y nos obligue a escoger entre una u otra solución descolonizadora. Llegó el momento de la definición de quién es colonialista y quién no lo es. Tendremos que decidir si queremos igualdad con los demás estados de los EEUU o si queremos gobierno propio como un país soberano independiente, con o sin relación con los EEUU. Si nos dejamos llevar por las palabras de Rubén Berrios, la independencia estaría condicionada a cuán gordito sea el cheque del Congreso que él sueña que le darán para hacernos independientes. Además, de perdonarle la deuda nacional con los EEUU. Se abren las apuestas; estadidad 80%, independencia 20%.

El distinguido Sr. Rubén Berrios tiene toda la razón en esta ocasión. Los líderes más poderosos sobre Puerto Rico en el Congreso, la republicana Lisa Murkowski y el demócrata Ron Wyden, quieren acabar con la colonia. Pero no subestimen a los colonizados contentos del PPD que van como el salmón contra las corrientes históricas apoyando el colonialismo en Puerto Rico. Se esconden detrás del escudo de ser contra estadidad, pero se les ve la costura de colonizados contentos. Si realmente quieren poder para regular el comercio interestatal y rechazar leyes del Congreso, sólo tienen una opción; la soberanía nacional. Ya es tiempo de que se definan como lo que pretenden aparentar, pero NO son; independentistas. La libre asociación es un pacto de independencia a plazos cómodos, subvencionado por los EEUU con términos bien específicos y conducentes a la auto-suficiencia económica e independencia de Puerto Rico. Ser o no ser; puertorriqueños o norteamericanos, ese es el dilema. Ser parte de los Estados Unidos de América, o ser la Nación Puertorriqueña. Es tiempo de quitarles las máscaras a esos colonizados contentos en estado de negación profunda y permanente.

El gobernador no tiene razón. Los tres senadores, Wyden, Murkowski y Heinrich, todos saben lo que es el ELA mejorado. Rubén no sabe lo que es. Los populares, especialmente RHC (Rafael Hernández Colón), saben muy bien lo que es. El ELA mejorado es un territorio de los EEUU con todos sus beneficios pero no sujeto a todas las leyes del Congreso. El problema con esto es que la Constitución de los EEUU, esa que el ELA en su preámbulo jura lealtad y obediencia, establece que el gobierno en los territorios y sus habitantes serán gobernados por el Congreso de los EEUU. Fue el Senador Heinrich quien le dio la estocada final a AGP cuando le preguntó si en el ELA mejorado todas las leyes aprobadas en el Congreso serían de aplicación en Puerto Rico. Desde ese momento, AGP tartamudeó hasta más no poder y les dijo que sería por mutuo acuerdo entre el Congreso y él que decidirían cuáles aplicaban o no y no sería por mero capricho del Gobernador.

Ahí fue cuando los senadores estallaron en carcajadas escondidas al darse cuenta de que AGP sólo era un perro flaco soñando con longanizas.

El reto más significativo que enfrenta Alejandro García Padilla en Washington, D.C. es el de mantener una comunicación continua y efectiva entre el gobierno de Puerto Rico, el Congreso de los EEUU y el presidente Obama. Los momentos son críticos para la Isla así como para el resto de la nación. El precipicio fiscal se abortó sólo temporeramente, pues el margen prestatario del gobierno federal llegó a su tope. El gobierno federal ahora enfrenta la crisis de no poder pagar la deuda contraída. Las repercusiones en el mercado global serían desastrosas. Los impuestos federales sobre el ingreso personal aumentarán en las personas que ganen más de $450,000.00. Mayores recortes son obligatorios en los gastos del presupuesto federal. Todo va en curva descendente; nada en la curva ascendente en términos de gastos. Es menos y no más ayudas federales para Puerto Rico con lo que tiene que enfrentar el nuevo gobierno. En el terruño local, el problema grande es de donde saldrán los dineros para el recorte del aumento en la matrícula en la UPR y para pagar otras promesas de campaña políticas que lo llevaron al poder sin afectar más el pobre crédito del gobierno de Puerto Rico y mantener contentos a quienes lo eligieron y tienen todas sus esperanzas de mejoría puestas en la persona de Alejando García Padilla. Por esto es tan importante educar cabalmente sobre estas decisiones presupuestarias y sus implicaciones.

A las necesitadas clases en matemáticas para el Sr. Antonio Calderón, también él debería estudiarse una clase de ciencias políticas y pedirle disculpas al Presidente Obama. Esta es la primera vez en toda nuestra historia de colonizados contentos en que el máximo líder de la metrópolis viabiliza el voto de los colonizados hacia sus preferencias. Muchas gracias al Honorable Presidente de los EEUU, Barack Obama, por escuchar la voz del pueblo y no las de estos fanáticos colonizados contentos. En el Congreso no hay interés de perder su territorio; tampoco tienen interés en compartir el poder que tienen sobre la Isla. Cualquier cambio de estatus conlleva gastos para el Congreso, incluyendo el plebiscito propuesto por Obama. En este momento, todavía no se ponen de acuerdo con un presupuesto para mantener en funcionamiento el gobierno federal. Hasta que ellos no resuelvan sus problemas económicos, no habrá espacio ni atención para resolver los problemas de Puerto Rico. Así lo dijo la Sub Secretaria del Tesoro Federal, Mary Miller, no vislumbra un rescate federal para Puerto Rico. La falta de interés por resolver el status de Puerto Rico, causal de la criminalidad y recesión económica presente, se complica por el hecho de que el partido en el poder está contento con la colonia, pues son colonizados contentos viviendo del mantengo colonial. Lo que es obvio para los norteamericanos es que el gobierno presente esconde una situación de falta de solvencia y un déficit que parece no tener solución. Si el mercado de bonos no mejora, la oportunidad del ELA de coger más prestados a intereses razonables para mantener la liquidez del BGF desaparecerá. En ese momento, la chatarra se hará legal; pues, de facto, el crédito del ELA se trata en el mercado como chatarra de la peor. No confían en los embustes de AGP y Melba que no acaban de decir cuánto le deben a todo el mundo. Cuando llegue ese momento, entonces el Tesoro Federal no tendrá otra opción y tendrá que actuar quitándole las finanzas de las manos al Congreso y al ELA, haciendo semejante como lo que hicieron con Washington, D.C. Mientras no haya presupuesto cuadrado, el estatus no lo tocarán ni con una vara de 500 metros. La única ocasión en que el Congreso actuará prontamente es si el ELA se declara como una nación soberana; pero primero, Colón baja el dedo. La asamblea de estatus es sólo un follón sin importancia de los mendigos colonialistas contentos.

En nuestra historia política nunca un partido político de Puerto Rico ha ido al Congreso de los EEUU a exigir los derechos democráticos del Pueblo de Puerto Rico a su auto-determinación política. Todos van a mendigar y ver cuánto estarán los norteamericanos, económicamente hablando, dispuestos a darnos. Ninguno expone claramente sus expectativas y las claras expectativas del dinero que sus soluciones le habrán de costar al pueblo de Puerto Rico. Todos los partidos políticos en Puerto Rico, como sumisos obedientes cobardes subordinados colonizados, esperan que sea los EEUU quién primeramente diga y se exprese lo que quieren para con Puerto Rico. Ningún partido político ha definido clara y sencillamente lo que quiere y cómo lo va a conseguir para el estatus de las relaciones entre Puerto Rico y los EEUU. En otras palabras, la educación al pueblo de Puerto Rico sobre las alternativas de estatus se la debemos delegar a la ONU (Organización de las Naciones Unidas) debido a la mediocridad de nuestros partidos políticos. En la Asamblea Constituyente la gente decidirá sin que los partidos definan sus preferencias. Entre estos mismos populares no se ponen de acuerdo en lo que quieren y la política oficial es que toda discusión es tras bastidores. En la reunión en el Senado de los EEUU anticipo que los populares dirán que no quieren estadidad. Cuando les pregunten ¿qué quieren?, contestarán pregúnteles a la ONU, pues sólo ellos conocen las definiciones de las alternativas. En realidad, esto del estatus es bien fácil de resolver. Las alternativas deberían ser las definidas por el Congreso de los EEUU, no las definiciones unilaterales criollas que nadie las conoce consensualmente para cada una de las alternativas de estatus: el ELA, la estadidad o la independencia de Puerto Rico. El Congreso debe de definir el ELA, la estadidad y la independencia para Puerto Rico en sus términos, no con la bazofia ignorante de todos los partidos coloniales en Puerto Rico al presente. Esa sería una elección real e histórica para el pueblo de Puerto Rico y una humillación para los políticos.

Es patética la incompetencia, impotencia e inacción tanto del Gobernador como la del Comisionado Residente de Puerto Rico en Washington, D.C, el Presidente del Senado y el Presidente de la Cámara de Representantes de Puerto Rico contra las Leyes de Cabotaje impuestas por los EEUU mediante la ley del Congreso, la Ley Jones. Es un mutis nacional y una aceptación sumisa y cobarde lo de permitir la explotación del comercio de Puerto Rico por un monopolio norteamericano. Son los intereses económicos de Puerto Rico versus un grupo de cuatro compañías norteamericanas que controlan la transportación del comercio en Puerto Rico. ¿Estarán despiertos nuestros gobernantes ante estas realidades que ahogan la economía puertorriqueña? Este es el momento idóneo para que el Honorable Gobernador de Puerto Rico decretar una orden administrativa para anular las Leyes de Cabotajes en Puerto Rico. En algún momento en su campaña política, creo haber oído de él decir que las leyes federales no deberían ser la suprema ley en Puerto Rico. ¿Cierto o Falso? Este es el momento de medir fuerzas de poder político entre el Gobierno de Puerto Rico y el Congreso de los EEUU. Sin miedo, hay que reclamar el derecho de Puerto Rico a sus determinaciones políticas trascendentales, si es cierto que tenemos gobierno propio. Son los intereses del pueblo de Puerto Rico contra la marina mercante de los EEUU y sus asociaciones comerciales. La Alianza Marítima muy bien expone su defensa a sus intereses, calidad y confiabilidad de servicios ofrecidos. Este no es el momento para que los EEUU, con sus condiciones económicas presentes, permitan invadir al mercado libre y contra su propia marina mercante. Este también es el momento idóneo para decidirnos si queremos ser parte de los EEUU y defender sus intereses proteccionistas como los nuestros o no. Ya es tiempo de acabar con esta ambigüedad, ambivalencia y cobardía de no decidir si estamos a favor o en contra de ser parte de la federación de los Estados Unidos de América como el estado 51 o ser un Estado Libre Asociado, reconocido internacionalmente como una nación independiente de los EEUU para así tener la capacidad y jurisdicción de hacer las leyes que rigen nuestras vidas.

Esto huele a chatarra. Primero se enteró todo los EEUU mediante comunicado filtrado de prensa en AP por fuente no identificada. Los federales no le tienen que pedir permiso a nadie del gobierno del ELA, pues el ELA está subordinado al Congreso. Ahora que se enteraron acá, todos se echan las culpas unos a otros. Lo que está claro es que aquí no paren una economía auto-suficiente y ponen en riesgo al 75% de los fondos mutuos que tienen bonos del ELA. En marzo, 2011 el informe del Presidente Obama y su "Task Force" sobre Puerto Rico dijeron que los problemas económicos de Puerto Rico demandan la solución del problema del estatus de una vez y por todas y de manera permanente, acabando la perenne discusión del estatus y trabajando todos bajo una fórmula de estatus de acuerdo duradero. Las opciones reconocidas por el Presidente Obama son: a.) El ELA como está, b.) la Libre Asociación como un país independiente con soberanía nacional y ciudadanía puertorriqueña al estilo de Palau, Micronesia y las Islas Marshall y con un Trust Fund manejado conjuntamente entre el gobierno del estado puertorriqueño y el Congreso de los EEUU, conducente hacia el auto- sustento propio por el largo de un tiempo especificado mutuamente, c.) la independencia o d.) la estadidad. También, la plataforma del Partido Demócrata de los EEUU del 2012 establece que la solución de los problemas económicos de Puerto Rico aguarda una solución del estatus y los demócratas se comprometen a apoyar lo que el pueblo de Puerto Rico decida. El ELA como está no es aceptable para algunos senadores norteamericanos. Sólo la independencia, la libre asociación o la estadidad son aceptables. En la reunión del Comité de Energía Recursos Naturales del Senado de los EEUU en 2013, el Presidente Ron Wyden dijo que los problemas sociales, de criminalidad y económicos de Puerto Rico sólo tienen dos soluciones respetables: a.) la soberanía nacional o b.) la estadidad para Puerto Rico.

Ja ja… el colonizado ignorante obediente y subordinado está choreto en Puerto Rico. Mayores impuestos en la economía en recesión de Puerto Rico resultarán en mayor desempleo, una economía en mayor recesión y peor el crédito. ¿Por qué no le imponen los impuestos a las compañías norteamericanas, sus inversionistas, las multinacionales, los bonistas y la marina mercante? Sencillo; les tienen miedo a los colonizadores norteamericanos y, en su lugar, nos joden a nosotros los puertorriqueños con más impuestos y costos de producción. Cantan la borinqueña y le dan el trasero al Congreso de los EEUU con su muda subordinación. Sólo son cobardes sumisos obedientes subordinados colonizados que no se atreven a luchar por sus derechos y los del pueblo de Puerto Rico.

La conceptualización que hace el colonizado de las fórmulas estadidad e independencia son las inculcadas y establecidas por el colonizador y sus lacayos colonizados. Estadidad e independencia no son antagónicas ni mutuamente exclusivas. New York es un estado de una nación independiente, los EEUU. El colonizador promueve las definiciones ambiguas para así perpetuar el colonialismo y su poder unilateral y dictatorial contra su posesión territorial, Puerto Rico. Yo considero que un buen estadista tiene que ser un buen independentista y debe de apreciar y luchar por su autonomía y auto-suficiencia y no ser un ciego dependiente lacayo de los EEUU. Un buen independentista debe de ser un buen estadista para apreciar que en la unión está la fuerza y ser parte de la nación más poderosa del mundo y la economía número uno mundialmente va a nuestro favor como pueblo. Ambas fórmulas comparten la responsabilidad de asumir control por las leyes que regulan nuestras vidas. Tanto las implicaciones de la independencia así como de la estadidad para los puertorriqueños no han sido estudiadas y discutidas públicamente por nuestros políticos, pues internamente son colonizados, mantienen el colonialismo con su guerra irracional e incorrecta de no aceptar que ambas la independencia y la estadidad son las únicas soluciones legitimas contra el colonialismo en Puerto Rico. La esencia de la personalidad colonizada es su miedo a la libertad y las responsabilidades que esta conlleva. La bola del problema del estatus de la relación de Puerto Rico con los EEUU está en la cancha del Senado en su Comité de Energía y Recursos Naturales. Respeto y confió en la palabras del Senador Ron Wyden para resolver el problema del estatus de Puerto Rico cuando dijo que está orgulloso del trabajo que su comité que tiene más proyectos presentados que todos los otros comités del Senado juntos. Ya me imagino su propuesta para ponernos a los puertorriqueños a decidir las preguntas ¿estadidad, Sí o No? o ¿independencia, Sí o No? en un plebiscito federal.

Ya es tiempo para los soberanistas comenzar la discusión de los modelos de libre asociación entre los EEUU como los son los contratos de libre asociación de las Islas Micronesia, Marshall y Palau. Esto hará que no los vuelvan a coger desnudos y negando que Puerto Rico es un territorio colonial y que el ELA no es gobierno propio. Cuando en realidad, el ELA se mantiene subordinado bajo el control del Congreso, bajo la Constitución de los EEUU y su clausula territorial sin voto en las leyes que rigen nuestras vidas diarias. Ahora es cuando el PPD se dividirá en dos facciones; los colonizados contentos y los soberanistas independistas. La pregunta lógica a hacer es, ¿Cuántos colonizados contentos al momento de votar le dirán sí a la estadidad en lugar de la libre asociacion? Serán estos populares quienes le den la súper mayoría para la estadidad.

La gran mayoría de las organizaciones financieras norteamericanas coinciden que lo que ha hecho Melba y el gobierno de Puerto Rico es muy poco muy tarde. La Sub Secretaria del Tesoro de los EEUU, Mary Miller, ha hecho también claro que están dispuestos para ayudar al gobierno con consejos para administrar la situación fiscal de Puerto Rico, pero no con dinero. Los mercados han perdido la confianza en la economía de Puerto Rico y así lo hizo claro un ex secretario del Tesoro de los EEUU. Ni el mercado ni los gobernantes federales confían en la capacidad administrativa del gobierno del ELA para aumentar la producción nacional. El pueblo de Puerto Rico, en una mayoría, comparte esta desconfianza ante la economía y el manejo administrativo de la crisis fiscal del presente gobierno. Como buenos colonizados contentos están en estado de negación profunda.

La independencia de Puerto Rico hacia los EEUU es un sueño encarcelado. Es más bien un auto-encarcelamiento así como ha ocurrido en este simulacro de encarcelamiento por el preso político independentista en donde han convergido políticos, independentistas, oportunistas, idealistas e individuos que aceptan el terrorismo como una solución legitima contra la opresión colonial. Con su endoso favorecen no rendir lealtad a la bandera norteamericana y a todo el sistema constitucional de los EEUU. Muchos de estos están en contra de establecer un diálogo directo entre el Pueblo de Puerto Rico con el Congreso de los EEUU. En su lugar pretenden simular democracia con el embeleco de una Asamblea Constituyente como la que ocurrió en 1952. La situación de caos presente que se encuentra Puerto Rico estos días se lo debemos a aquella Asamblea Constituyente. La independencia está encarcelada por nosotros mismos por la extrema dependencia en la mayoría del pueblo hacia el gobierno estatal y federal. También está encarcelada por la inhabilidad de tener una economía auto-suficiente que produzca acorde a nuestras necesidades y sus satisfacciones. Finalmente, está encarcelada por la inhabilidad de movilizar las fuerzas productivas y demostrar crecimiento económico, auto- suficiente y sostenible con la independencia para Puerto Rico.

Hay que ser bien sananos para darse cuenta sólo ahora de lo que dijo el US GAO sobre la aplicación de la Ley Jones y sus consecuencias al comercio y a la economía del pueblo de Puerto Rico. Estoy de acuerdo con el licenciado Cox de que esta administración no está tomando decisiones trascendentales para mejorar nuestra economía, como lo es una lucha abierta, directa, y consensualmente acordada entre el Gobernador, el Presidente del Senado y el Presidente de la Cámara de Representantes a nombre del pueblo de Puerto Rico contra la aplicación de la ley del Congreso de los EEUU, la Ley Jones. Este es el momento para el gobierno demandar ante el Tribunal Supremo de los EEUU de que el Congreso de los EEUU exima a Puerto Rico del estatuto de la Ley Jones. La cuantía de los daños para la economía de Puerto Rico, causados por la aplicación de la Ley Jones, ya está documentada y descrita en el informe del US GAO. Entiendo que la lucha puede darse contra la violación de las leyes anti- monopolísticas de los EEUU. ¿Quién no se ha dado cuenta de que estas corporaciones son un monopolio, explotando el mercado cautivo, impotente e indefenso que es el pueblo de Puerto Rico? No lo hacen simplemente porque saben que eximir al pueblo de Puerto Rico de la Ley Jones es sinónimo de una declaración de independencia y soberanía nacional. Esto hace obvio que el PPD no es un partido soberanista.

Para aquel que dice que le vale la opinión de las casas acreditadoras del crédito, ha recibido tremenda lección. Todos los gobernantes en Puerto Rico se han caracterizado por su retórica hipócrita; le dicen una cosa al pueblo y otra muy diferente a los norteamericanos. Desgraciadamente, ninguna se aproxima a la realidad. Se gobierna a fuerza de apariencias y con favoritismos a unos pocos para así mantenerse en el poder. Aquí el gobierno es de la clase elite y favorecida. Los bonos del gobierno depreciaron su valor y se vendían entre 55 y 65 centavos por dólar con un rendimiento de 10% que es peor que Grecia y su chatarra. El gobe y sus secuaces le atribuyen a la revista de negocios "Barrons" el desprestigio de los bonos, cuando en realidad, fue el descenso de la economía de Puerto Rico en un 5%. La venta de gasolina, la venta del cemento, la producción eléctrica y el empleo no agrícola cayeron significativamente desde enero de este año bajo la administración de AGP. La colonia y los colonizados tienen estreñimiento de producción; se ha vivido a base del crédito promoviendo la dependencia. El empresario privado paga los platos rotos de la incompetencia no productiva gubernamental. Se vive en una sociedad que no es capitalista. Tampoco es socialista porque en realidad, somos una colonia territorial de los EEUU. Carecemos de identidad nacional y estatal pero nos creemos que en la colonia lo hacemos mejor; sueños de perro flaco. Llamar chapucerías y agendas políticas a los múltiples escritos en revistas económicas en los EEUU es un acto de enajenación y negación de la situación crítica económica que atraviesa Puerto Rico en este momento. El cielo no se puede tapar con una mano. Para noviembre del 2012, los índices económicos indicaban el final de la recesión de siete años en Puerto Rico; desde enero hasta el presente todo ha ido en picada. La información la ofreció al público el Banco Gubernamental de Fomento cuando dijo que desde julio del 2012 a julio del 2013, la economía se ha contraído en un 5%. En su informe describieron la caída de las ventas del cemento, del consumo de energía eléctrica, de la venta de gasolina y la disminución del empleo no agrícola en la Isla. Esa es la información utilizada en los medios noticiosos norteamericanos y que ha circulado en todos los EEUU. Entonces, debemos de concluir que el chapucero es el BGF que tiene una agenda política contra ellos mismos. Desde que se dieron cuenta, no hay jefe en propiedad y la información se filtra a cuenta gotas y con una falta de transparencia que sólo aumenta la desconfianza a la administración gubernamental presente.

Lo que diga el Presidente del Comité del Congreso de los EEUU con mayor autoridad sobre los territorios, el Comité de Energía y Recursos Naturales del Senado de los EEUU tiene mucho que ver. Hablando financieramente de las opciones descolonizadoras, la estadidad es la mejor opción, económicamente hablando. Esa opción para los EEUU es la de mayores costos permanentes financieros. La soberanía nacional puertorriqueña tiene un precio; de esto es de lo que se trata. ¿Cuántos estamos dispuestos a pagar los puertorriqueños por ese precioso tesoro, la Ciudadanía Puertorriqueña? Los contratos de libre asociación entre los EEUU y las Islas Palau, Micronesias y las Marshall son los guías a seguir si se persigue esa meta; los cuales conllevan un compromiso con la independencia económica de Puerto Rico hacia los EEUU y la auto-suficiencia fiscal en un término a discutir. Los populares, en su mayoría, no son soberanistas nada. Son estadistas "light" que quieren un estado en español, con el idioma español oficial en la Corte Federal de los EEUU en Puerto Rico y ser él mandamás de los estados; pensamiento mágico del colonizado. Pretenden ir por encima de todos los estados, el gobierno federal, el Congreso y el Presidente, reclamando un veto a las leyes que ellos enacten y que nos pudieran afectar negativamente a los puertorriqueños.

Estoy bajo el presentimiento de que la Senadora Murkowski será quien presente en el Senado el proyecto análogo al HR#2000. Coincido con el Comisionado Pierluisi que en su plebiscito de estadidad sí o no, entre 80 a 90% del electorado puertorriqueño le dirá sí a la estadidad. Tan pronto los soberanistas e independentistas se den cuenta que el gobierno propio de un país soberano e independiente cuesta dinero, que será en exceso de 72 billones de dólares, tendrán amnesia instantánea y votarán por la estadidad. Los populares, tanto los del ala soberanista como los del ala de la unión permanente, todavía no han digerido intelectualmente lo que pasó en la vista en el Senado de los EEUU sobre el análisis que los senadores hicieron de los resultados del plebiscito de noviembre 6 del 2012 en Puerto Rico. Se quieren esconder detrás de una asamblea constituyente para dejar de conversar con el Congreso sobre cómo resolver el problema colonial.

Los senadores norteamericanos les dieron una clase de educación política a nuestros tres chiflados. La primera lección para AGP fue que llámele Commonwealth, Estado Libre Asociado, territorio no incorporado o colonia, todo es lo mismo. El Gobernador AGP reclamaba que en el plebiscito no aparecía el nombre del ELA como lo conocen los jibaros y, por lo tanto, no fue representado y fue excluido de participación. Estas alegaciones las descartaron los Senadores Wyden, Murkowski y Heinrich tanto que procedieron a ignorar los comentarios de AGP y lo tildaron como un problema de semántica y no de sustancia. Le dijeron que el presente estatus hay que resolverlo y de que el estatus presente es una vergüenza para la moral e imagen democrática de la nación americana ante la comunidad internacional. Le dijeron, y él no lo quiere aceptar, de que el ELA perdió ante un 54% de NO en la primera pregunta; baño de agua fría. Como si fuera poco, también le dijeron que el ELA mejorado no va y que se deje de estar soñando con tener poder de veto a las leyes elaboradas en el Congreso y hechas leyes por el Presidente de los EEUU. Le dijeron que lo que va es una consulta federal hacia el pueblo de Puerto Rico estilo Estadidad, Sí o No o Soberanía, Sí o No. Los populares no entienden que sus jefes en el Congreso les van a ordenar un plebiscito y no una asamblea constituyente y con sólo alternativas viables como la estadidad, la independencia y la libre asociación. Por esta razón no entiendo como los soberanistas no se han dado cuenta que se acabó la colonia y la decisión es entre la soberanía y la estadidad. Para esto, los tres jefes de los partidos políticos en Puerto Rico tienen que trabajar juntos en el lenguaje de la consulta descolonizadora.

Los republicanos norteamericanos están en un momento de crisis de identidad y esperanzados de que Obama y los demócratas se sigan desacreditando con el cierre gubernamental, el espionaje a aliados como Alemania, España, Francia y Benghazi, las dificultades del Obamacare, el pobre crecimiento económico, la anémica creación de buenos empleos y, por sobre todo, la deuda nacional. Los asuntos del próximo presupuesto son cardinales para entender las prioridades de los dos partidos norteamericanos. La imagen del Partido Republicano para la mayoría de los hispanos es casi sinónimo del partido de la supremacía blanca, conocidos por defender los intereses de los ricos sin necesidad de ser defendidos, racistas hasta el tuétano y que se oponen a la amnistía para los mejicanos quienes fueron los originales pobladores de territorios ahora en posesión de los norteamericanos. Saben que ganan a nivel local y estatal, pero saben que a nivel nacional no ganan sin los hispanos. Si sacan de carril la Reforma de Inmigración de Obama, saben que es casi una sentencia de muerte para la carrera presidencial. Así que su única alternativa es buscar alternativas para no enojar más a los hispanos como lo hizo Romney. Favorecer un plebiscito para Puerto Rico anticipo será mediante un acuerdo bipartito entre demócratas y republicanos.

Los senadores de mayor rango en el Comité de Energía y Recursos Naturales del Senado de los EEUU, Ron Wyden y Lisa Murkowski, hacen claro que el ELA mejorado NO es aceptable para ellos por ser este una condición de soberanía ficticia, donde el gobierno de Puerto Rico no tiene la autoridad jurídica de negociar las leyes del Congreso y pretende negociar con autoridad las leyes del Congreso que les convienen o no a Puerto Rico. Los populares son unos cobardes e hipócritas, pues bien saben que esa autoridad para el ELA sólo es aceptable y se consigue con la soberanía nacional y con un pacto de libre asociación con los EEUU, al estilo y forma del contrato que tiene el Congreso con las Islas Marshall, Micronesias y Palau. Contrato que conlleva la pérdida de la ciudadanía americana, una reducción progresiva de las ayudas federales y la desaparición del Seguro Social para muchos. El PPD y sus líderes pretenden que los senadores norteamericanos endosen la colonia, pero ellos y ellas allá no aceptan ni toleran continuar un estado colonial en Puerto Rico donde ellos y ellas elaboran las leyes que rigen las vidas de los puertorriqueño y puertorriqueñas sin participación efectiva en sus confecciones y elaboraciones. Con sus acciones, ese partido se pone al margen de la historia apoyando un estatus que es rechazado internacionalmente y, por primera vez en nuestra historia de 520 años de colonización por los líderes del Senado, con mayor autoridad sobre Puerto Rico quienes también rechazan la colonia. El PPD escribe una historia política de anquilosamiento anti-democrático contra el pueblo de Puerto Rico y su gente obstaculizando el derecho de todos nosotros de controlar las leyes que rigen el país y su gente.

Todavía extraño la abierta y publica discusión de la soberanía y la libre asociación en Puerto Rico, usando el modelo existente que se usó para con la Micronesia, las Islas Palau y las Islas Marshall. Todos hablan de la AC sin memoria de que en la pasada AC de 1952, el Congreso unilateralmente eliminó toda una sección que fue aprobada en la AC por voto popular de los puertorriqueños y que tenía el visto bueno del presidente en aquel entonces. La AC no nos da poder ni se reconoce la legitimidad de lo aprobado en la AC hasta que ellos lo decidan en el Congreso. La diferencia con un referéndum auspiciado por el Congreso y supervisado por el Departamento de Justicia Federal es que sólo aparecerán opciones aceptables para ellos y que estén conformes con la Constitución de los EEUU. Con la AC seguimos ciegos y mudos ante el Congreso. Con el referéndum ese proceso se aligera y de vez sabemos lo que ellos aceptan como viable. El PPD perdió la oportunidad histórica de reclamarle al Congreso de los EEUU, en consenso de los tres partidos políticos principales en Puerto Rico, que hagan un referéndum con alternativas aceptables para ellos y respaldadas por el voto popular del pueblo de Puerto Rico. Continúan su historial de indefinición, ambigüedad y sumisión ciega y muda a las voces del Congreso y sus leyes. Para los que decían que el presidente Obama no le pondría atención al plebiscito de noviembre 6 del 2012, donde 54% le dijimos NO a la colonia, se equivocaron. Ahora estará de parte del Congreso de los EEUU asumir la responsabilidad de auscultar oficialmente nuestro sentir sobre el estatus de Puerto Rico. El Presidente ha hecho historia cuando, por primera vez en los 520 de colonialismo en Puerto Rico, la metrópolis le ofrece participación al pueblo hacia su auto-determinación política. Teniendo un referéndum auspiciado por el Congreso con definiciones claras de lo que significan las alternativas de estatus es paso mayor para desenmascarar a los políticos embusteros del patio. Ahora sabremos cuántos colonialistas, soberanistas, estadistas e independentistas realmente existen en Puerto Rico. Se acabó el pan de piquito para aquellos que se llaman de centro cuando, en realidad, son colonialistas, retrógrados de la ultra-derecha que todavía viven del paternalismo colonialista.

¿Que tienen Fortuño y AGP en común? Los federales les gritan en sus oídos que en Puerto Rico mandamos nosotros, y si quieren mejorar, tienen que oírnos. Lo bueno de AGP es que primero le valía su opinión, pero ahora se comunica con ellos mediante sus representantes. Merece crédito por esto. Fortuño nos embrolló hasta las teleras con el aumento astronómico de la deuda nacional y sugería que los gobernadores de los EEUU debían de seguir su ejemplo. Pues, como dice el PPD que en Puerto Rico lo hacemos mejor. Ahora es claro que el control federal para disminuir el crimen en Puerto Rico es el plan federal y no el "nativo", si es que hay alguno. Lo próximo es un control federal sobre los procesos económicos en Puerto Rico. Se acabó el manejo local y lo próximo es supervisión a Melba y todos los otros integrantes del equipo de asesores económicos de AGP; léase BGF, Departamento de Hacienda, Junta de Planificación y otros. No será descrito públicamente como control, pero sí como colaboración. A buen entendedor, pocas palabras bastan. Si fuésemos justos con todo el pueblo de Puerto Rico, deberíamos enjuiciar a las administraciones gubernamentales con criterios basados en eficiencia y efectividad. Con un déficit fiscal del gobierno de Puerto Rico rondando en los dos billones de dólares, lo justo sería que ningún salario gubernamental se pague hasta que se balancee la condición fiscal del gobierno del ELA.

Hablando claro, es ley el proyecto del plebiscito auspiciado por el Congreso y propuesto por el Presidente Obama con la participación del Secretario de Justicia Federal, Eric Holder, para resolver el problema del estatus de Puerto Rico. El Gobernador no tiene la autoridad ni el poder de objetar una ley del Congreso. Lo que puede hacer es prolongar la agonía y citar a todos los panas, allegados y buscones, a tener un prolongado monólogo sobre sus fantasías para obstaculizar el proceso decisional descolonizador. Es obvio que con la crisis fiscal y el crédito en chatarra en los mercados de valores, los consejos de los federales se convierten inmediatamente en acción. Veremos cuán agresivos se comportarán para obtener el poder necesario para restructurar la deuda nacional y aumentar la producción en Puerto Rico. Esta es la gran oportunidad para ver quiénes son los verdaderos soberanistas y quiénes son estadistas en el PPD. El Gobernador carece de criterio propio; lo que Moody dice, el Gobernador hace. En estos momentos, él debería estar defendiendo la adquisición de más poderes para los puertorriqueños para así mejor defender y poder restructurar la deuda nacional y tener dinero suficiente para promover aumentos en la producción nacional en Puerto Rico.

A pesar de todas las triquiñuelas usadas por AGP y su equipo económico, las agencias crediticias acreditadoras norteamericanas no le creen un bledo; ya les vale. ¿Tenemos dinero y el gobierno está solvente o no? Con tanto informe de gobierno del estado de situación económico del país atrasado y obsoleto es difícil decidir lo que realmente está pasando en Puerto Rico. Estamos advertidos que vamos en camino a la chatarra. ¿Cuál es el plan B cuando llegue la chatarra? ¿Será necesario empezar a hablar de renegociar la deuda nacional aunque se vea como un incumplimiento del deber de pagar? ¿Será necesario empezar hablar de soberanía nacional o estadidad? El barco se hunde y seguimos como los 300 psiquiatras permanentemente deliberando de cómo cambiar una bombilla fundida. Al presente, lo que está en juego es la credibilidad del PPD y sus líderes, comenzando por las agencias acreditadoras que no se creen los cuentos de la alegada solvencia del ELA. Aparentan solvencia para seguir cogiendo prestado y embrollarse más con la consecuencia de usar más dinero del presupuesto para pagar los intereses de los bonos, tener dinero para pagarse a ellos y sus allegados en los municipios, agencias de gobierno, corporaciones públicas y la UPR. El problema es que la deuda es tan grande que el pago de los intereses obligará a aumentar el IVU (Impuesto a las Ventas y Uso) y recortar gastos gubernamentales. Ese es el problema apremiante de Puerto Rico; lo del estatus se está resolviendo a nivel individual con un 1% de la población escogiendo la estadidad con sólo el importe de un boleto de avión hacia los EEUU.

El PPD le puede dar largas al referéndum de Obama con la supervisión del Departamento de Justicia Federal y la descualificación del ELA mejorado en la papeleta, pero los populares pasarán a la historia como los administradores que nos llevaron a la chatarra, la bancarrota y son el principal impedimento a la progresión evolutiva de la sociedad puertorriqueña hacia el proceso de descolonización y el logro de una sociedad democrática participativa de su gobierno. En noviembre 6 del 2012, un 54% le dijimos NO al ELA como está, y ya el Departamento de Justicia le dijo NO al ELA mejorado por ser contrario a la Constitución de los EEUU. Sin ELA mejorado o no, el PPD no tiene razón de ser. Se constituirá en el partido del hiato histórico en la dimensión desconocida dentro de la sociedad puertorriqueña. En otras palabras, colonizados contentos despechados por el colonizador y el pueblo de Puerto Rico.

Los tres chiflados (los partidos políticos), nuevamente en su acción acostumbrada, están entorpeciendo la comunicación directa del pueblo de Puerto Rico con el Congreso de los EEUU. ¿Cuál será la parte de la subordinación la cual ninguno parece entender? Todo Puerto Rico, incluyéndolos a ellos, estamos subordinados a su parecer; es una cuestión de soberanía y ellos la tienen actualmente sobre Puerto Rico. En otras palabras, es lo que últimamente ellos digan y no nosotros. En el momento que ellos digan, pueden reconocer la estadidad, la independencia o la libre asociación en sus términos. El embeleco de la asamblea de estatus es un intento desesperado de sus partes para aparentar lucir los partidos políticos relevantes en la discusión del estatus cuando no lo son ni lo han sido históricamente. Todos se dedican a entorpecer y nunca llegan a un consenso civilizado. En lugar de consensos se dedican a crear conflictos. Ninguno sabe ni discute específicamente sus expectativas porque son ignorantes. Están todos tan asustados que no pueden llegar a un consenso para, de una vez y por todas, decidir que queremos estadidad o soberanía nacional. Algunos son colonialistas de ultranza y sumisión y desean continuar como colonia. Si decidimos, de una vez y por todas, el Pueblo de Puerto Rico los callamos sobre ese tema permanentemente. Así podrán tener mejores discusiones y consensos en cómo desarrollar un plan maestro para desarrollar la economía de Puerto Rico hacia una auto-suficiente y competitiva a nivel global.

A mí no me extraña nada de que el PIP, el PPD y el PNP estén tratando de sabotear la ley del Congreso que dispone se celebre un plebiscito auspiciado por el Congreso y supervisado por el Secretario de Justicia Federal, Eric Holder. El

PIP y el PPD con el chanchullo de la constituyente o del estatus y el PNP con el HR#2000. Todos saben que la intención de la ley es la de descolonizar a Puerto Rico y finalmente sacarse de encima la acusación de que mantienen en los EEUU un estado colonial con sus territorios no incorporados. Todos saben que el camino es uno solo y es decidirse por la soberanía nacional o la estadidad. Con la soberanía nacional se acaba la ciudadanía americana y las ayudas federales tendrán su final. Soberanía nacional significa auto-suficiencia económica y el desarrollo de una economía auto-sustentable de manera sostenida. Pocos son los que creen que esto sea posible y ninguno tiene un plan viable para lograrlo. Por esto los populares y los independentistas prefieren la colonia del mantengo. Los estadistas, por su parte, saben que aunque la mayoría de los puertorriqueños decidan a favor de la estadidad, sólo el Congreso lo puede hacer posible. Si el Congreso decide en contra de la estadidad, tendrán que aceptar la soberanía nacional como único camino, por eso el HR #2000. Pues le temen a la posibilidad de la soberanía nacional que es equivalente a independencia y auto-suficiencia económica. Por eso es el miedo y la resistencia al plebiscito de Obama de todos los partidos. Así como el Senado aprobó una reforma migratoria bipartita, anticipo que el Senado de los EEUU hará lo mismo para Puerto Rico y favorecerá la facilitación del proceso de auto-determinación política para el pueblo de Puerto Rico. Todo mediante el voto popular del pueblo de Puerto Rico, con definiciones claras de cada alternativa y no una asamblea constitucional; cosa que en la ocasión pasada los senadores norteamericanos les dijeron que ellos no usan ese mecanismo desde los mil ochocientos.

Todos estos años de subordinación y falta de criterio propio por los partidos políticos se hacen obvios y evidentes al presente. Ningún partido político durante todos estos años trabajó diligentemente en la definición de sus propuestas para avanzar el proceso de descolonización de Puerto Rico. El ELA mejorado, la independencia y la estadidad han sido ficciones creadas por los líderes políticos en Puerto Rico sin validación del Congreso de los EEUU. Todos reclaman tener criterio propio, pero ninguno durante todos estos largos años sostuvo una comunicación efectiva con el Congreso de los EEUU que validara sus propuestas. Ahora, todos están de carreritas porque ninguno sabe lo que sus propuestas específicas significan para el poder final decisional, el Congreso de los EEUU. El futuro de la descolonización de Puerto Rico dependerá de que se desarrollen personalidades con criterios propios, pensamientos críticos y, por sobre todo, una comunicación efectiva con el Congreso de los EEUU. Este es el momento de transformar el ser, teniendo criterio propio ante los EEUU.

Capítulo Cuatro

Ser o no ser Autosuficiente Económicamente

Número Cuatro

Se caracteriza el individuo por una ausencia del ideal de autosuficiencia económica en el ámbito individual así como nacional.

La dimensión número cuatro se refiere a la preferencia del individuo sobre su perspectiva filosófica ante la vida; idealista versus materialista.

La personalidad colonizada se caracteriza por el individuo que:

Su perspectiva filosófica de la vida es idealista; para él, la mente y el cuerpo y la cultura y la economía son entidades distintas e independientes entre sí.

La personalidad no colonizada se caracteriza por el individuo que:

Su perspectiva filosófica de la vida es materialista; visualiza la mente y el cuerpo y la cultura y la economía como manifestaciones distintas de la vida humana y las sociedades respectivamente.

1	2	3	4	5
Ausencia de Autosuficiencia Económica	Acepta necesidad de autosuficiencia económica	Ambivalencia ante autosuficiencia económica	En vías de autosuficiencia económica	Autosuficiente económicamente

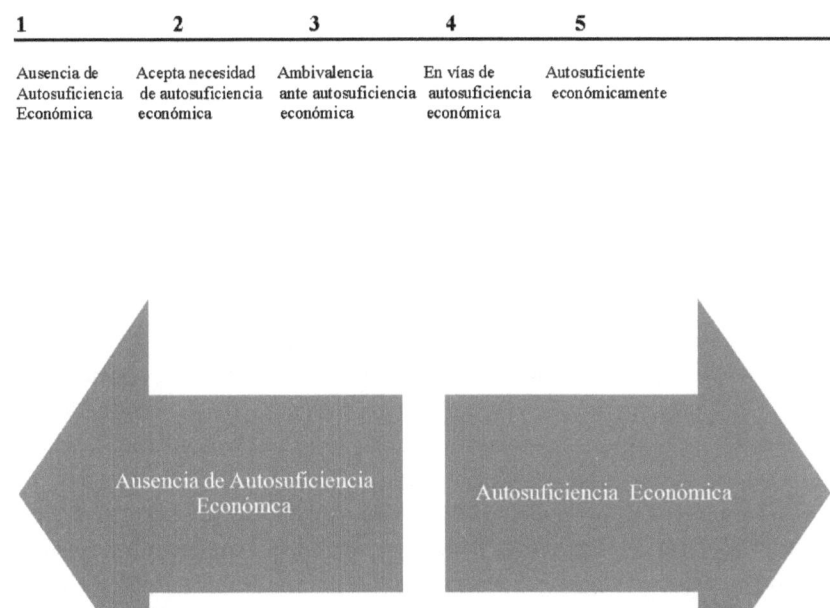

Yo insisto en que los principales impedimentos al proceso de descolonización de Puerto Rico son todos los partidos políticos. Son todos ellos quienes se oponen a una comunicación directa entre el pueblo de Puerto Rico y el Congreso de los EEUU. Todos no pueden superar su incapacidad de hacer de Puerto Rico un país auto-suficiente económicamente. Cualquier y toda solución descolonizadora tendrá que partir de un plan viable para hacer de Puerto Rico una economía auto-suficiente y auto- sustentable. No será hasta entonces que los puertorriqueños puedan superar el yugo, la subordinación y la dependencia colonial. Todos hablan de tal o cuál preferencia de status, pero ninguno habla de auto-suficiencia económica y/o un plan viable para lograrlo. Sólo son sueños de colonizados contentos; nosotros somos nuestro peor enemigo.

El ELA ha logrado el desarrollo de Puerto Rico en lo que es; un país desarrollado dependiente de otro país desarrollado- los EEUU. Esto ha sido posible debido a que con el ELA, Puerto Rico le pertenece a los EEUU y sin sus ayudas no se hubiese desarrollado. Puerto Rico es dependiente gubernamentalmente y económicamente de los EEUU. La auto-suficiencia económica en estos momentos para Puerto Rico es un sueño de colonizados. Con un 40% de participación laboral, una depresión económica de ocho años, un gobierno en déficit y una deuda nacional hacia los EEUU de más de $14,000 per cápita, la soberanía es un sueño casi imposible de lograr. Es como el perro flaco soñando con longanizas;

creernos que de advenir la soberanía de la noche a la mañana, nos convertiremos en auto-sustentables sosteniblemente y capaces de pagar la deuda a los EEUU. Claro que ante esta adversidad y circunstancias, el pensamiento mágico del colonizado no ve problemas en lograrlas. El idealismo caracteriza la personalidad del colonizado y sus planes. Mientras el pueblo sueña, los políticos usan las consignas para vivir del presupuesto.

El modelo económico necesario a desarrollarse en Puerto Rico es necesario que parta de nuestra situación real actual y prospectivamente sea diseñado para hacer a Puerto Rico un país económicamente auto-suficiente, auto-sustentable, productivo y competitivo a nivel internacional y que satisfaga las necesidades de todos los puertorriqueños. De acuerdo a muchos en los EEUU, tiene que ser un modelo que tenga algún control de las leyes del país y su economía y no como el presente de ciega muda obediencia. Ese poder sólo se alcanza con la soberanía nacional o la estadidad. Sólo dentro de estas alternativas podremos con poder efectivo restructurar la deuda y tener dinero suficiente para estimular la economía. Muchos sugieren que sea uno de más apertura a la libre empresa y menos regulaciones populistas cuasi -socialistas. El ejemplo de las Islas Marshall, Palau y las Islas Micronesias son modelos a estudiar y a comparar con la estadidad. El momento de acabar con el modelo colonialista de mantengo colonial es ahora. Hay que ser precisos en lo que tenemos que hacer para hacer de Puerto Rico un país auto-suficiente económicamente. El principal impedimento para hacer una realidad la auto-suficiencia económica de Puerto Rico es la falta de originalidad y creatividad del colonizado contento que vive en la colonia de Puerto Rico. Usando el ejemplo del arroz, si cosecháramos 31,583 cuerdas para producir 379 millones de libras de marihuana en un año, la ganancia sería de alrededor de 1895 billones de dólares. Esto es un "petty cash" que daría para pagar la deuda nacional de cantazo, comprar arroz y habichuelas y biftec para todos los estudiantes de las escuelas y nos sobra dinero para invertir en proyectos de energía renovable como lo son la luz solar y los vientos Alisios, que son la otra gallina de los huevos de oro en el Archipiélago de Puerto Rico.

El Sr. Pieluisi se equivoca. El equipo de asesores federales supervisando las finanzas del ELA dudo de que recomienden un cambio de status como solución a la presente crisis fiscal de Puerto Rico. Lo que aparenta estar en agenda es mejorar las estrategias del manejo de las finanzas del ELA, fiscalizar y hacer el uso más eficiente y efectivo de las ayudas federales y diseñar estrategias para aumentar la producción nacional. En Puerto Rico no se dará ningún cambio de estatus sin tener un plan propio de crecimiento económico nacional. Todos los partidos y líderes políticos en la isla han sido incompetentes en no desarrollar un plan de desarrollo económico nacional que aumente la productividad y nos lleve a la auto-suficiencia económica. Todos los líderes se comportan como mendigos colonizados contentos dependientes de los federales. Aquellos que no creen en la asesoría federal sólo invocan ideologías para resolver los problemas reales de nuestra depresión económica de los pasados ocho años y la presente crisis fiscal. En ausencia de un plan de desarrollo económico productivo, auto-suficiente, auto-sustentable y competitivo de nuestra economía, estamos a la merced de la misericordia del Congreso. La vagancia del colonizado es de no parir un plan razonable de desarrollo económico. Debemos de echar al lado las ideologías partidistas para que nos hagamos más productivos económicamente y que esto nos lleve a la auto-suficiencia económica nacional. ¿Cuáles son las medidas urgentes a tomar para evitar una degradación del crédito del ELA y las medidas necesarias a tener para asegurar que Puerto Rico pueda restructurar su deuda y tener dinero suficiente para estimular la producción económica que nos convierta en un país auto-suficiente, auto-sustentable, productivo y competitivo a nivel internacional? Cualquier otra cosa son fantasías de rescate de los colonizados contentos.

En el aprieto que se encuentran las casas acreditadoras con los bonos de Puerto Rico es que el 75% de los inversionistas norteamericanos de bonos municipales tienen en sus portafolios bonos del ELA y sus corporaciones, incluyendo Cofina. Con una degradación a chatarra de los bonos del ELA, sería un caos en los bonos municipales viéndose afectados muchos fondos mutuos a través de toda la nación norteamericana. Por esta razón, están bajo investigación de las agencias reguladoras, pues los problemas de Puerto Rico son ampliamente conocidos en los EEUU. Melba se encuentra en NYC explicando y tratando de aclarar que Puerto Rico tiene dinero para pagar a los bonistas y de que el gobierno es solvente. El gobernador estuvo en televisión nacional y dijo que el gobierno tiene dinero hasta seis meses; después de eso nadie sabe lo que va a pasar. Todos tienen los dedos cruzados de que los recaudos sean suficientes para que el déficit sea menor del 8% establecido por Standard &Poor's. Las esperanzas están en Cofina para poder cuadrar el déficit, pero esto no es inversión en el crecimiento económico de Puerto Rico. Lo admitan o no, parece que no tienen ninguna otra salida que seguir cogiendo prestado para seguir pagándose sus sueldos y el pueblo que se fastidie. El pueblo coge migajas. La prioridad son los bonistas. Moral y constitucionalmente, AGP hace claro que la deuda de los bonistas es primera que el pueblo. Este es el colmo del colonizado ñangotado sumiso obediente y subordinado como el jíbaro arrimado.

Sobre $500 millones de dólares fácilmente se ingresarían al fisco con sencillamente dos medidas hechas leyes. La primera es una anti -corrupción gubernamental donde se audita económicamente las finanzas de todo funcionario gubernamental en el ejecutivo, legislativo y judicial para evaluar el fiel cumplimiento de sus responsabilidades contributivas. Como la totalidad de estos funcionarios gubernamentales a investigar es menor de esos 300 mil ciudadanos que Hacienda se proponen investigar por no rendir planillas o por dar información incorrecta es sus formas, los costos de las investigaciones serán menores. Anticipo que los recaudos serían mucho más si combaten la corrupción gubernamental que los recaudos de esos 300,000 ciudadanos a investigar. La segunda medida que promete traer muchos millones es una ley para fiscalizar la eficiencia y efectividad gubernamental. Esta ley va dirigida a promover los principios de la justicia restaurativa en el quehacer de todo funcionario gubernamental. Con esta ley se penalizaría económicamente a todo funcionario ejecutivo y legislativo por las pérdidas incurridas resultados de sus acciones negligentes y que eventualmente resultaran en pérdidas al fisco. La restauración y la penalidad deben ser equivalentes al monto de la pérdida.

Pagar a los bonistas o pagar a los empleados gubernamentales, los maestros o los profesores de la UPR, he ahí el dilema del presente gobierno. Al presente, pagar los intereses de la deuda de $70 billones se come el 20% del presupuesto. Si hoy se emitieran unos milloncitos de bonos en el mercado con el respaldo de Cofina, habría que pagarlos a un interés del 9.3%, lo que aumentaría extraordinariamente la porción del presupuesto para pagar los interese de los préstamos. Entonces, hay que decidir a quién le bajan los sueldos- a los policías, a los maestros, a los legisladores, a los jueces, a los profesores universitarios o a todos para así pagar los intereses de los bonos. Aparentar solvencia transfiriendo todo dinero gubernamental al BGF no es equivalente a solvencia económica. Tampoco el préstamo al FSE (Fondo del Seguro del Estado) hace al BGF solvente. Tanto tajureo para aparentar e intentar engañar a las agencias crediticias de que el gobierno es solvente cuando no lo es. Ya es tiempo de que se den cuenta de que coger más prestado no es la solución a la crisis fiscal presente. Lo que se avecina es una baja en sueldos en el gobierno, las corporaciones públicas, la UPR y mayor IVU para todo el mundo. Cosa que ahuyentará a más gente y los motivará a empacar las maletas para largarse a los EEUU, bajando las ventas y, a su vez, los recaudos del gobierno e incrementando la espiral hacia la bancarrota del ELA. Ya es tiempo de aceptar que es necesario un cambio estructural de nuestra economía hacia la soberanía nacional o la estadidad para Puerto Rico y así tener el poder legal de restructurar la deuda nacional por nosotros mismos y no lo que nos permita el Congreso. Despierta colonizado contento y sal de la negación permanente que te encuentras con las musas de este gobierno incompetente.

El que las empresas norteamericanas no usen a Puerto Rico como plataforma de producción sino financiera es la acción esperada y práctica definitoria de una economía colonialista. Aquí se les permite a los EEUU tener un monopolio en el transporte marítimo con su marina mercante, las exenciones contributivas son extremadamente generosas y los bonos son exentos de impuestos federales, estatales y locales. Les regalamos el dinero que no tenemos con las esperanzas de que nos regalen más dinero para seguir viviendo de ellos, no de la decreciente producción nacional.

La legislación del presupuesto federal donde se asignan $2.5 millones para celebrar una consulta hacia el pueblo de Puerto Rico auspiciada por el Congreso y supervisada por el Departamento de Justicia se aprobó de manera bipartita. Tanto republicanos como demócratas estuvieron de acuerdo. Simultáneamente, tanto la Casa de Representantes como el Senado concurrieron con esta medida. Todos estos hechos marcan un momento histórico del gobierno federal hacia Puerto Rico. Por primera vez en la historia de 116 años de colonialismo en Puerto Rico, el gobierno federal quiere escuchar del pueblo y no de los líderes políticos. Ya nadie confía de los líderes políticos en Puerto Rico. El pueblo no confía, los inversionistas no confían, y las casas acreditadoras del crédito no confían. Ahora, el gobierno federal se ha unido a la desconfianza hacia todos los líderes políticos. Esto es así, pues todos los líderes hablan una jeringonza sin sustancia y continuamente tratando de engañar al pueblo. Por tal razón, el Congreso ha designado al Secretario de Justicia, Sr. Eric Holder, a que aclare lo que son mentiras de verdades en cuanto a los ofrecimientos populistas de todos los líderes políticos en Puerto Rico. Nuestra historia ha sido una comparsa de falsedades comenzando por el llamado Commonwealth (ELA). Ahora, los tres partidos políticos en Puerto Rico, al igual que en el pasado, pretenden burlarse de lo que es una ley federal como si nosotros sabemos mejor. La ley entre otras cosas demostrará que somos y hemos sido colonizados porque nosotros lo hemos y seguimos consintiendo. Ahora, falta demostrar coraje de parte de Puerto Rico para iniciar un proceso de descolonización. Lo que todos los partidos políticos y líderes en Puerto Rico ocultan es que descolonización es sinónimo de auto-suficiencia económica y no mayor dependencia. La ley demostrará que todos los líderes en Puerto Rico quieren seguir dependiendo de los EEUU y no están dispuestos a luchar por la auto-suficiencia nacional. Unos se esconden detrás del HR#2000 y los otros de la Asamblea de Estatus ya que todos son colonizados contentos.

Desde junio del 2013, los bonos del ELA son tratados como chatarra por el mercado de inversionistas. Desde entonces y hasta febrero del 2014, las casas acreditadoras los mantuvieron en grado de inversión. Durante todo este tiempo, el mercado hizo ajustes en su precio e intereses y, aunque hoy son oficialmente chatarra, las posibles pérdidas a los inversionistas norteamericanos se minimizaron cuando bajaron los precios y aumentaron los intereses. La repercusión hoy día de la chatarra para los norteamericanos es mínima y pocos en los EEUU consideran que es catastrófico para ellos. Pensar en más ayuda del Tesoro Federal o un posible rescate son sueños de colonizados contentos. Ya el Tesoro Federal está contribuyendo con un rescate soslayado de $2 billones anuales. Esto es así, pues el impuesto a las corporaciones foráneas de parte del ELA el IRS ha permitido que se descuente de los impuestos federales que éstas deben de pagar. Indirectamente, el trabajador norteamericano con el pago de impuestos está rescatando al ELA con esas exenciones. No es lógico esperar más rescate que el presente.

El tema del estatus ahora sólo es relevante en términos de una posible restructuración de la deuda nacional de Puerto Rico. Esto es así, pues para Puerto Rico el problema inminente es la tan negada y ocultada insolvencia del banco del gobierno (BGF). La insolvencia del banco significa la falta de capacidad del ELA para pagar el gobierno, pagar sus servicios y pagar la deuda nacional. El ELA no figurará en ninguna consulta de estatus, pues está en la cercanía de su bancarrota y, con esta, la bancarrota del gobierno. Por más que los quieran resucitar, no podrán. El ELA sólo les sirve y les ha servido históricamente a las familias dueñas del ron. Todos los partidos políticos en Puerto Rico continúan en la perenne negación y continúan la dinámica irracional de los tres chiflados. Todos tratan de ignorar la ley del Congreso de celebrar un plebiscito para escoger entre la soberanía nacional o la estadidad. Ya es tiempo de que todos lleguen a un consenso y un acuerdo para la papeleta descolonizadora con sus únicas dos posibles soluciones - soberanía nacional o estadidad. El PPD tendrá que aceptar la independencia en la forma de la libre asociación si es que pretende ser relevante el proceso de descolonización de Puerto Rico. El problema milenario del estatus colonial de Puerto Rico tendrá que resolverse para entonces poder restructurar la deuda nacional y encaminarnos a la auto-suficiencia económica.

Este es el momento de tener una perspectiva materialista de nuestra historia. La cultura puertorriqueña está íntimamente entrelazada con nuestra economía. Sin economía auto-suficiente no existe la cultura puertorriqueña. Seguir cogiendo prestado a los EEUU no nos hace ser puertorriqueños. La cultura y la economía tienen que atenderse desde una perspectiva creativa y práctica donde el desarrollo cultural esté íntimamente ligado al desarrollo de nuestra economía. Este es el momento de comprometernos con el ideal de la auto-suficiencia económica a nivel individual y nacional para así desarrollar plenamente la nacionalidad puertorriqueña. Cantar la Borinqueña no es suficiente; hay que cantarla con dinero suficiente generado por nosotros y así poder pagarles a los músicos. Ser auto-suficientes económicamente es el reto para la descolonización de Puerto Rico.

Capítulo Cinco

Ser o no ser Trabajador

Número Cinco

Este individuo no reconoce su propio trabajo como la fuente de capital y orgullo en la cual fundamentar su estima propia.

1. **La dimensión número cinco** se refiere a la actitud y relación que asume el individuo hacia su trabajo.

La personalidad colonizada se caracteriza por el individuo que:

No se da cuenta de que su cuerpo y su trabajo son las posesiones más preciadas en las cuales puede fundamentar su estima propia.

La personalidad no colonizada se caracteriza por el individuo que:

Valoriza su cuerpo y su trabajo como sus posesiones más preciadas donde fundamenta su estima propia.

1	2	3	4	5
El trabajo no es Esencia de la Estima propia	Comienza relación entre su trabajo y estima propia	Ambivalencia entre su trabajo y estima propia	Trabajo en vías de ser esencia de estima propia	Su trabajo es esencia de estima propia

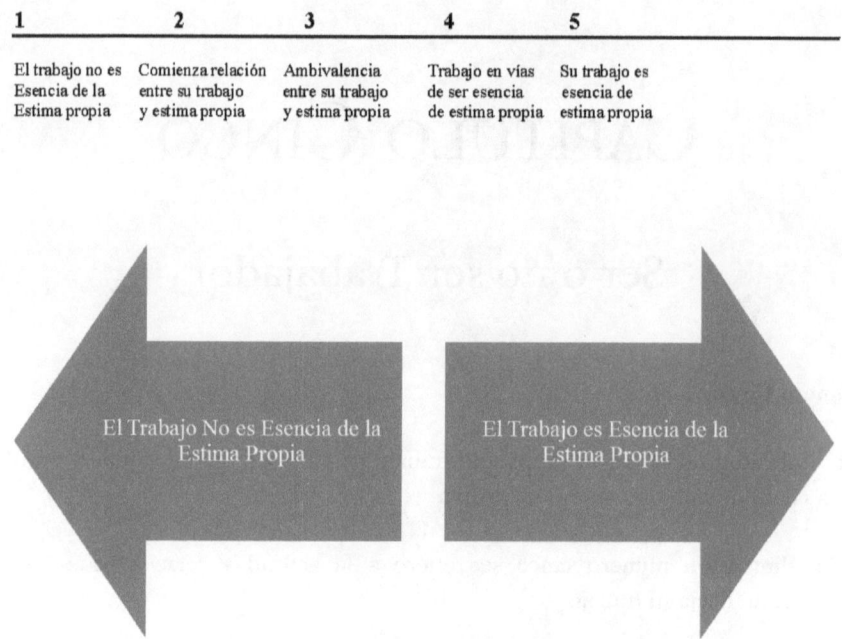

El Trabajo No es Esencia de la Estima Propia   El Trabajo es Esencia de la Estima Propia

En Puerto Rico, todo se quiere resolver marchando, pero marchando no se resuelve nada excepto el no trabajar. Así se vive en el mundo del baile, la baraja y la botella. Es mi opinión que lo que mantiene el coloniaje en Puerto Rico es la vagancia típica del colonizado y la dependencia a los fondos federales para vivir del cuento. Nosotros, el pueblo con 46% pro- colonia, mantenemos y hemos mantenido el coloniaje en Puerto Rico azuzando y tolerando la pelea trivial partidista que nos mantiene divididos y mantiene al colonizador en poder. En Puerto Rico, sólo cuarenta por ciento de la gente trabaja, gracias a las filosofías populistas de los gobernantes. Se promete el cielo y las estrellas y los más que ofrecen ganan las elecciones. Ningún partido político se ha dedicado a promover el orgullo al trabajo y el sustento propio. El ejemplo está en estos legisladores vagos, incompetentes y chapuceros que, con su ejemplo, le enseñan al pueblo que se puede vivir bien sin trabajar. La bola está en la cancha de los EEUU y ya el pueblo habló; el 54% le dijimos NO a la colonia el 6 de noviembre del 2012 y eso, no hay nadie que lo despinte. La colonia es el único estatus que no hay que enrollarse las mangas y trabajar juntos por el bien colectivo.

Ahora en Puerto Rico todo se resuelve marchando, no trabajando. El estado fiscal del gobierno del país está al borde de la bancarrota económica y esta gente insiste en meter a Dios en las determinaciones gubernamentales sobre los derechos civiles de sus ciudadanos. Aparentemente, no saben ninguna otra manera de ayudar a mejorar y aumentar la eficiencia y efectividad de la productividad nacional; sino es marchando y gritando Dios a diestra y siniestra. El ELA se sostiene de los impuestos que pagan los trabajadores norteamericanos y llegan a Puerto Rico como ayudas federales y no se vive del fruto de los pocos trabajadores puertorriqueños. De acuerdo a las cifras oficiales del Departamento de Trabajo Federal, existen 34,100 personas menos trabajando en Puerto Rico en comparación entre Julio del 2012 a Julio del 2013. Menos trabajadores, menos recaudos para Hacienda, mayor el déficit fiscal y más cercana la bancarrota del ELA.

De este lado del "ring", AGP del supuesto partido para el trabajador en contra de la empresa privada, los profesionales y empresarios puertorriqueños haciéndonos responsables a nosotros del pago de sus deudas económicas que son resultados de sus incompetencias, mala administración, y mal manejo de los recursos del gobierno. Contando entre sus recursos con monopolios generativos de riquezas por ser necesidades básicas en escasez como lo son los servicios básicos agua y luz, pero los tienen en casi bancarrota. La eficiencia y efectividad de los servicios gubernamentales brillan por su ausencia. La solución para este es que paguen más los profesionales y los empresarios privados porque ellos tienen más. Del lado opuesto del "ring" está Eduardo Bhatia, cuya solución es más impuestos para todos sin discrimen de los que ganen menos o más. Para ellos, todos los problemas económicos de Puerto Rico se resolvían sacando a los pillos del PNP y sustituyéndolos con la buena administración, liberal y populista del PPD. A ninguno se les ocurre preguntarse, ¿cuáles son esas cosas que el gobierno puede hacer mejor en el presente estatus y con menos dinero de manera que se aumenten los recaudos del estado y no los propios. Ellos y ellas, los políticos, clase aparte de políticos colonizados, también tienen que contribuir más. Pues todos tienen más privilegios que el pueblo en general, así que deben contribuir más. No planifican para el beneficio del estado; sólo para el beneficio propio. Lo que los hace y distingue como políticos colonizados es su dependencia de vivir de los frutos del trabajo de otros y no de los propios. ¡Con $70 billones en deudas y sin crecimiento económico lo que nos espera es la bancarrota!

Ahora los profesionales que trabajan por cuenta propia en Puerto Rico son unos engreídos. Estos no son trabajadores que se verán afectadas sus ganancias por los impuestos propuestos. Suena a una jerga anti -capitalista y pro-comunista socialistas de pacotillas. Ahora es una mala palabra trabajar para ganar dinero; suena a un misionero católico colonialista. Si alguien está engreído por el gobierno popular en Puerto Rico son los bonistas, los inversionistas norteamericanos, la marina mercante y las multinacionales a las cuales el PPD les ha dado trato preferencial, premiándoles en detrimento de las ganancias menores del trabajador puertorriqueño. Todos esos pagan menos impuestos que todos los profesionales que trabajan por cuenta propia en Puerto Rico. La república asociada del ELA será la legitimación de la entrega de la propiedad del Archipiélago de Puerto Rico a manos de los bonistas e inversionistas norteamericanos. Todo esto ante la inminente bancarrota gubernamental en Puerto Rico. Como anticipan que no podrán pagar la deuda, tendrán que entregar los derechos de propiedad a los bonistas (la inmunidad soberana). Todos estos derechos de la propiedad gubernamental que legítimamente les pertenece al pueblo de Puerto Rico en su totalidad sin excluir a los profesionales que trabajan por cuenta propia y no a un grupo selecto que componen la clase política de Puerto Rico con sus derechos y privilegios extravagantes que sólo ellos tienen.

Efectivo 1 de enero del 2013, se convirtió en ley el 2012 Chapter 369, Un Acta Humanitaria para el uso médico de la marihuana en el Commonwealth of Massachusetts. Esta ley descriminaliza y libra de cargos criminales a usuarios, médicos, al personal médico de cuido al paciente y a dispensarios creados por la ley por el uso o posesión, distribución o consumo de marihuana. En noviembre del 2012, el pueblo de Massachusetts votó y aprobó mayoritariamente con sobre 60% su aprobación. Los médicos están autorizados por esta ley a emitir certificados a pacientes "bona fide" para obtención o cultivo de la planta para usos medicinales. Yo, como médico certificado y practicando la medicina en el estado de Massachusetts, la receto con magníficos resultados para condiciones de ansiedad, estrés severo y tensión muscular incapacitantes. Yo favorezco y endoso cualquier proyecto de ley en Puerto Rico semejante al de Massachusetts para el uso de la marihuana con fines médicos. El control de la marihuana por el gobierno de Puerto Rico pudiera ser una fuente de ingresos al estado y, a su vez, aumentar la producción nacional. Si el gobierno toma el control de la producción y distribución, estaría sacando de carreras el narcotráfico ilegal de la marihuana. Esta producción legal tendría como consecuencia una disminución de la criminalidad asociada al uso de la marihuana. Estos legisladores deberían de estar pensando de manera creativa para aumentar los ingresos del gobierno en lugar de tantos impuestos a la empresa privada.

El deterioro del valor de los bonos del ELA se debe a la contracción de la producción económica en Puerto Rico vivida estos pasados ocho años. Cada vez hay menos producción y gente produciendo; vivimos en el país de los vagos y nos parecemos a Cuba.

El gobierno no da pie con bola, el pueblo entero está alzado, el legislador ciudadano emigró a los EEUU, las pensiones Cadillac están garantizadas y los legisladores, que no producen riquezas para el país, tienen el mejor negocio de la Isla- los partidos políticos. Todo está bajando - la economía, la productividad nacional, la participación laboral, la eficiencia, la efectividad, la calidad de los servicios y el crédito gubernamental, excepto el salario de los alcaldes que está en aumento. ¡Vamos en camino a la chátara, pero sigo siendo el Rey dicen los políticos!

Es admirable la cantidad de becerros en esta administración gubernamental. El populismo tradicional del PPD siempre ha sido antagónico con la empresa privada desde los tiempos de LMM. Se creen que el gobierno es Puerto Rico y no lo es. Antagonizan al sector privado después de que les endilgan más impuestos en una economía en recesión por los pasados siete años. Más impuestos y más insultos sólo conseguirán que hagan como los médicos y otros profesionales para que empaquen y se lleven los negocios fuera del país. Para algunos será mejor; pues habrá menos competencia. Para el gobierno serán menos impuestos, mayor el déficit, incumplimiento del pago de la deuda y luego, la bancarrota. ¿Habrá alguien en esta administración que sepa sumar y restar para calcular el detrimento en la economía con tantos impuestos al sector privado?

El Sr. Prats está tratando de evadir la responsabilidad de las administraciones gubernamentales. Este déficit es de su creación por tolerar la situación colonial en Puerto Rico. La producción en las colonias siempre ha sido dirigida a resolver las necesidades de la metrópolis, nunca de la colonia y los colonizados. Las ayudas federales sólo son un pago de compensación por la explotación unilateral de los EEUU sobre Puerto Rico. Los gobernantes, hasta el presente inclusive, han servido de alcahuetes lacayos sumisos cobardes subordinados colonizados. Aquí les damos las cosas de gratis sin pagar impuestos de ninguna clase a los bonistas. A las corporaciones norteamericanos les damos hasta el trasero, se llevan las ganancias a los EEUU y a los colonizados a Dios que reparta suerte. Todos los partidos políticos que han administrado la colonia sólo han protegido los intereses de los inversionistas y las de los partidos políticos pero nunca los intereses del pueblo trabajador.

La degradación del crédito del ELA es inminente. La era del gobierno populista y gobierno en cuartos obscuros están en el comienzo de su final. El crecimiento económico de Puerto Rico ha sido totalmente dependiente de ayudas externas y no del trabajo propio. Las administraciones gubernamentales han hecho un negocio para los suyos con las ayudas federales. Para ellos, el pueblo se limita a los partidarios políticos. El pueblo se ha achicado; sólo significa el gobierno del partido político. Todos se babean por un turno en la administración del robo de los dineros del pueblo. Ningún partido político tiene un plan real para controlar la economía nacional y aumentar la productividad hacia la auto-suficiencia económica. Todos dependen de los préstamos y ayudas federales. Las corporaciones públicas, al igual que el gobierno, son administradas de manera ineficiente e inefectiva. La evaluación de Moody's apunta a una bancarrota generalizada del gobierno y las corporaciones públicas.

Lo esquizofrénico de este pueblo y sus gobiernos es el estado permanente de negación. En la prensa de los EEUU, los conocedores financieros en consenso describen la situación fiscal de Puerto Rico como pobre y en crisis. Son ocho años de contracción económica, una población en descenso y una deuda nacional casi 100% del PNB (Producto Nacional Bruto). El gobierno vive de préstamo en préstamo y el pueblo vive de la economía subterránea y las ayudas federales porque trabajar paga menos que no trabajar. Los partidos políticos continúan peleándose para vivir del cuento y las ayudas federales sin pagar impuestos federales. Esta locura colectiva con la chatarra tendrá que redefinirse. La pelea monga de los tres partidos mediocres financieramente habrá que sustituirla por un consenso sobre un plan para el desarrollo de un país auto-suficiente y auto-sostenible económicamente. Si los ponemos a todos juntos, no conseguimos ni la primera oración de ese plan económico tan necesitado desesperadamente.

Tanto el gobernador como su secretario dan ganas de reír. Parece que se descubrieron el pipí por primera vez al ser electos en sus posiciones. Las posiciones de machitos bravos les quedan grandes. Los policías, los retirados, los maestros y todos los empleados gubernamentales tienen un derecho constitucionalmente protegido por la Constitución de los EEUU para recibir pago en dinero por los servicios y trabajos realizados. Sólo los colonizados contentos desconocen y no ejercen sus derechos porque se les hace creer que vocación y pago por servicios son mutuamente excluyentes y antagónicos; falso. Sólo en la colonia con sus colonizados contentos tales atrocidades son posibles. Todo individuo viviendo bajo la constitución de los EEUU tiene un derecho protegido para recibir pago por su trabajo. Claro que con tantos vagos en la Isla, no les importa sus derechos sobre su trabajo porque no trabajan.

La solución a la crisis financiera de Puerto Rico tiene que estar basada en un dramático recorte de gastos del ineficiente gobierno. La libre empresa, la eficiencia, la efectividad y la competitividad de la producción y distribución de la energía y el agua son metas necesarias y requeridas. El gobierno tiene que ser eficiente y efectivo para que estimule la producción nacional. También es requisito de que inviertan en los sectores productivos de la sociedad para hacerlos más productivos. Tendrá que hacer una lucha sin descanso contra el populismo administrativo y la patológica dependencia del colonizado tanto con el gobierno local como el federal.

Las administraciones gubernamentales en la Isla todas han sido de corte colonizadas contentas donde sobrevivieron en base de ayudas federales y préstamos y no de la producción nacional. Tanto populares como estadistas e independentistas sufren de la personalidad colonizada cuando todas las soluciones son mágicas que contienen una dependencia en recursos externos y no los propios. Los estadistas ahora quieren estadidad con los EEUU; ellos allá quedándose con la deuda de Puerto Rico y sin elaborar un plan para hacernos auto-suficientes económicamente. Los independentistas quieren independencia financiada por los EEUU y los populares sólo se les ocurre vivir del mantengo colonial federal sin pagar contribuciones federales por el ingreso individual. Puerto Rico es un casi país lleno de colonizados contentos de todos los colores - rojos, azules y verdes - que se resisten a vivir del trabajo propio.

Lo patético del gueto puertorriqueño es que es un gueto contento. La contentura se origina del mantengo colonial del ELA. Una condición política donde Puerto Rico le pertenece a los EEUU, según las disposiciones del Tratado de París de 1898, tienen un relativo gobierno propio supeditado al poder último del Congreso de los EEUU, no paga impuestos federales sobre el ingreso individual y recibe ayudas billonarias anualmente del dinero del trabajador norteamericano que sí paga impuestos federales. Situación que promueve la dependencia, vagancia y pobre productividad nacional. Descolonizar a Puerto Rico significa mayor trabajo y producción nacional; requisito indispensable parar toda alternativa descolonizadora. Tanto la independencia como la estadidad sólo son un sueño de un perro flaco soñando con longanizas si no se aumenta la producción nacional y se incentiva el trabajo.

La personalidad colonizada no valora la importancia de su trabajo. Pues, en la colonia se trabaja para el inglés y para los políticos buscones vividores que viven del gobierno y sus partidos políticos como parásitos contentos y colonizados. Los jóvenes se van dejando a los viejos atrás. Continúan llegando los dominicanos y haitianos por las docenas a Puerto Rico. El país se vacía a un ritmo que en el 2050, el Censo Federal anticipa una población equivalente a los años cincuenta; 2.5 millones de habitantes. Los puertorriqueños emigran a los EEUU a razón de tres mil al mes. En el 2013, se fueron 36,000 puertorriqueños de la Isla. Cincuenta por ciento de la población vive bajo los niveles de la pobreza, un 50% son médico-indigentes, se nos van los jóvenes inteligentes y se quedan los que todavía lo único que leen es la Biblia como muchos de estos legisladores. Mientras tanto, los legisladores brillan por su ausencia del trabajo de sus comisiones. Nadie atiende las necesidades del pueblo en esas comisiones.

Con casi una población de 3.7 millones de habitantes de los cuales 3.5 millones se denominan puertorriqueños, sólo 1, 012,600 están empleados, según el Departamento del Trabajo Federal en diciembre del 2013. En trabajo no agrícola sólo hay 904,300 trabajadores. De esos, hay alrededor de 242,300 que trabajan para el gobierno. Para diciembre del 2013, se perdieron 24,416 trabajadores no agrícolas en comparación con el período de los pasados 12 meses. Hubo una pérdida en ese mismo período de 15,507 empleados de gobierno. El gobierno significa el 24% de los empleos en Puerto Rico haciéndolo el patrono más grande en la Isla. Esto es muy significativo, pues el gobierno es el sector no productivo económicamente y el que se lleva la tajada más grande de los impuestos que pagamos todos. El gobierno no productivo nos tiene embargados con una deuda de 70 billones de dólares; sobre 19 mil dólares por cada uno de nosotros. Nuestra economía en el pasado mes de diciembre del 2013, según el BGF, se contrajo en un 5.4%. Definitivamente, el perfil demográfico se ha invertido e igualmente el crecimiento económico se ha invertido, apuntando hacia la bancarrota fiscal con ocho años de depresión económica. Estamos en el período final del ELA. Sólo nos aguarda la soberanía nacional o la estadidad como soluciones duraderas para modificar el perfil demográfico y económico de Puerto Rico por mejores senderos y poder restructurar la deuda nacional que nos han legado las administraciones parasitarias gubernamentales.

Puerto Rico se expondría a un embargo comercial de los EEUU si decide no pagar la deuda nacional como el que tiene Cuba. Eso es lo que algunos quieren para un Puerto Rico independiente; dejar de pagar la deuda nacional una vez independientes. ¿Por qué no pensar como poner la gente a trabajar y aumentar la producción nacional, para vivir orgullosos de que vivimos de nuestro trabajo y las contribuciones que le pagamos al gobierno para así ser un Puerto Rico auto-sustentable? Muchos al presente en Puerto Rico viven acorde intoxicados con el opio de los españoles conquistadores. El colonizado durante los tiempos de España no era dueño de su trabajo. Mientras era explotado por los españoles, el puertorriqueño era indoctrinado por la Iglesia para aceptar la explotación de manera abnegada, estoica sumisa y subordinadamente. Entonces, cobrar por el producto del trabajo del colonizado era un gesto vulgar y mezquino que no se daba; éramos esclavos sin paga en los tiempos de España.

Puerto Rico tiene una deuda nacional equivalente al 80% del GNP. El déficit fiscal para 2014 se ve en alrededor de $800 millones. Un 20% del presupuesto se usa para pagar deuda. Los mejores estimados anticipan que la economía puertorriqueña seguirá contrayéndose. Los bonos del ELA han perdido alrededor de un 16% de su valor. Sólo un 40% de los hábiles para trabajar lo hacen. El 24% de los trabajos son en el gobierno no productivo. Los que producen riquezas cada vez la ven disminuidas por los altos costos energéticos y los nuevos impuestos y patentes nacionales. Sólo hay siete centavos del dólar disponibles para pagar los sistemas de retiro. Las medidas de austeridad tomadas por AGP parecen un poco tarde y más tarde se ve el rescate federal. Tantos años de desidia, falta de buena administración y falta de auditoría y supervisión federal serán muy difíciles de compensar en seis meses. Los que sueñan con un rescate federal se quedarán esperando decepcionadamente. Al momento de la chatarra y la necesidad de restructurar la deuda, los únicos con el poder para hacerlo es el Congreso en el presente estatus colonial del ELA. Los federales están en Puerto Rico preparándose para ese momento.

Según AGP, el pueblo trabajador no se verá afectado por estos impuestos. Obviamente hay definiciones distintas de lo que es un trabajador. Tanto lloriqueo ahora cuando históricamente hemos todos endosado un sistema que siempre ha sido en castigo del trabajador puertorriqueño y en beneficio de las 936 y el ELA. De acuerdo al Gobernador, los más que tienen pagarán más. Hipocresías porque los más que tienen son los bonistas, los inversionistas, la marina mercante y las multinacionales y son los menos que pagan. El Gobernador nos ofrece una visión insularista de nuestra economía, fiel a la visión del obediente sumiso colonizado puertorriqueño. Sus acciones puede no sólo que destruya al trabajador nativo, también puede que nos lleve el crédito a la chátara y a él a su destitución como gobernador.

Sólo menos del 40% de la gente trabaja en Puerto Rico. De esos que trabajan en el gobierno, con los días de vacaciones, enfermedad y días feriados, sólo trabajan 8.5 meses del año. No es cuestión de un cambio de actitudes, sino un cambio cultural de la mentalidad del colonizado. Los 520 años de colonización en Puerto Rico, viviendo en la colonia subvencionada primero por España y ahora por los EEUU, nos han acondicionado a vivir "bien" sin trabajar. "El trabajo lo hizo Dios como castigo, el trabajo yo se lo dejo todo al buey", así reza el folclor de la colonia del baile, la botella y la baraja. Que vengan los juegos; lo demás son cuentos. El colonizado no se siente dueño del producto de su trabajo, pues sus beneficios son repatriados a los EEUU sin pagar impuestos y los costos de producción bajísimos. Es este sistema colonial el que hay que cambiar para hacernos dueños de Puerto Rico y nuestro trabajo. Son 520 años de coloniaje en Puerto Rico. Lo que nos tiene en el hoyo es que nunca durante estos cinco siglos los puertorriqueños hemos sido dueños ni gobernamos totalmente a Puerto Rico. El tiempo nos ha transformado en colonizados contentos sin control de nuestra economía y su desarrollo viviendo del mantengo colonial en lugar de la producción nacional. Sólo producimos fanáticos obsesionados por su particular ideología quienes son emocionales e irracionales por el odio o la idolatría por el colonizador de turno. Si comenzáramos por amarnos a nosotros mismos y el fruto de nuestro trabajo para competir en esta economía global, tanto la independencia, en su forma de libre asociación, como la estadidad ayudarían a Puerto Rico y a los puertorriqueños para transformar la personalidad colonizada dependiente, la cual es la verdadera causa de nuestros pesares. El único camino es transformarnos en puertorriqueños competitivos, trabajadores por el auto-sustento y la auto-suficiencia económica. Tanto la estadidad como la libre asociación son fáciles de conseguir si lo exigimos en consenso. Ambas soluciones fracasarán sin una transformación de nuestra personalidad de colonizados contentos dependientes de las metrópolis y los préstamos y no de la producción nacional. Hay que parir trabajo y orgullo nacional y no ideologías irracionales sin fundamento ni evidencia científica. El rescate está en nosotros mismos y sólo por y para nosotros mismos. Esta vez usando lo externo para satisfacer nuestras idiosincráticas necesidades y no las de las metrópolis.

La historia colonial nos tienen acostumbrados a ser fieles sumisos colonizados que estamos contentos y consentimos en la explotación a cambio o de un situado o ayudas federales. El trabajo propio en la colonia no es símbolo de riquezas para el individuo, sólo para el colonizador que repatria sus guanacias hacia la metrópolis. En Puerto Rico viven colonizados contentos que tienen la mayor distinción de no trabajar y de vivir del estado en forma de salarios, pensiones, contratos, igualas y recompensas políticas. Aquí se sabe vivir del cuento. Es este factor humano que a veces no se considera al evaluar la economía de una población que ha tenido una economía colonial durante 520 años.

Transformar el ser del colonizado en Puerto Rico requiere una transformación del orden social colonial donde el trabajo no es motivo de orgullo propio y beneficio personal hacia una personalidad trabajadora que recibe recompensas inmediatas de su trabajo. Las colonias históricamente les han servido para beneficios de las metrópolis, explotando sus recursos humanos y naturales. El trabajo del colonizado es percibido por el individuo no para su propio beneficio; por lo tanto se ha desarrollado una actitud negativa hacia el trabajo. El trabajo es la fuente de todo capital, especialmente cuando beneficia directamente al trabajador. El trabajador percibe los beneficios del trabajo cuando este le mejora su calidad de vida. Para poder aumentar la producción nacional, es necesario acabar con el sistema colonial en Puerto Rico y hacer del trabajo fuente de la estima propia del individuo y del orgullo nacional.

CAPÍTULO SEIS

Ser o no ser Planificador

<u>**Número Seis**</u>

El individuo presenta una actitud de desprecio y falta de un plan estratégico para lograr su auto-suficiencia económica.

La dimensión número seis se refiere a la importancia y prioridad que el individuo le da al proceso de planificación. Esta dimensión explora la orientación individual respecto al tiempo.

La personalidad colonizada se caracteriza por el individuo que:

Vive el presente y no planifica su futuro.

La personalidad no colonizada se caracteriza por el individuo que:

Vive su presente en consideración de su futuro. Planifica su vida de acuerdo a sus expectativas y recursos.

1	2	3	4	5
No tiene plan De desarrollo Económico	Reconoce necesidad de planificación económica	Ambivalente ante planificación económica	Comienza planificación económica	Activo en plan de desarrollo económico

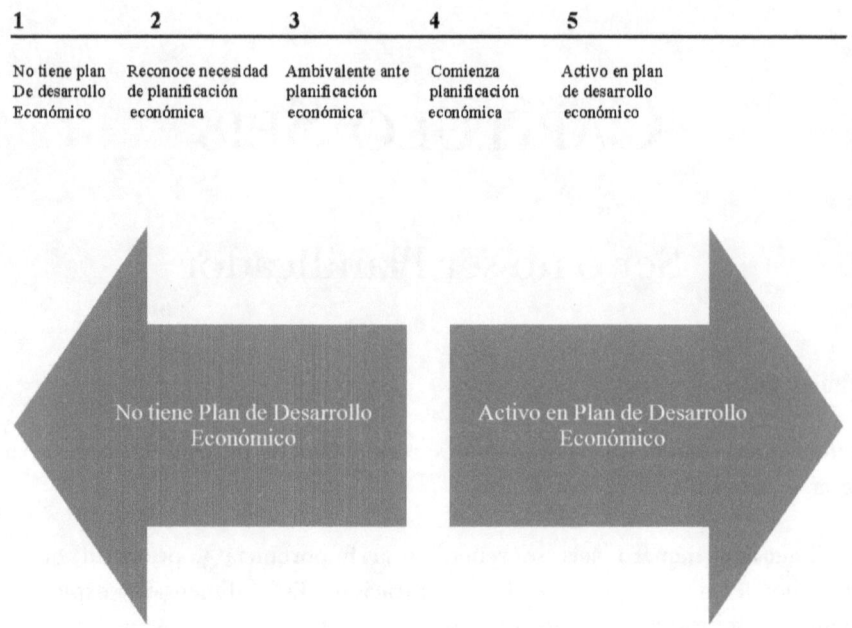

El incumplimiento del gobierno de Puerto Rico por el pago de la deuda al Cuerpo de Ingenieros de los EEUU por la construcción de la represa Cerillos y la canalización del Rio Portugués en Puerto Rico son otros ejemplos más de la mediocridad administrativa gubernamental que nos ha caracterizado a los puertorriqueños por los pasados cincuenta años. Ahora, para vivir y trabajar legalmente en Puerto Rico habrá que pagarle una patente al gobierno para así compensar su mediocridad. Aunque la economía en el ELA esté moribunda los políticos y funcionarios gubernamentales disfrutan de tremendos beneficios económicos y viven de la sobre compensación de su mediocridad administrativa. Todos nosotros pagamos por sus errores, ineficiencias e irresponsabilidades.

Aunque sería por demás, la situación fiscal de Puerto Rico es sencilla. Los ingresos del gobierno son menores que sus gastos. La solución de todos los partidos políticos gubernamentales, hasta el presente inclusive, ha sido refinanciar la deuda a una deuda más grande. Con estas acciones cada vez es más difícil el repago de la deuda. Lo cual llevará el crédito del ELA a basura, "junk", ahí es cuando se hundió Puerto Rico. La mayoría, como fieles actuariales, prefieren la alternativa de más deuda y mayores recortes de gastos. Ninguno habla o lucha por aumentar la producción nacional. Sólo existen dos maneras de aumentar la producción nacional. La primera es haciéndonos una nación independiente y de que todos tengan que vivir con sus propios recursos y con total control de nuestra economía nacional. De esta manera, él que no trabaja no come. La segunda es hacernos el estado # 51 de la federación de los Estados Unidos, pagar impuestos federales y estar sometidos a las autoridades federales para todo asunto. Esto significa el IRS y el FBI; de esta manera, nos aseguramos con técnicas científicas y más avanzadas quién o no roba en la Isla. Estas agencias son las mejor capacitadas para detectar crímenes de corrupción gubernamental y en la ciudadanía en general.

Todavía está de por verse con los estudios actuariales la verdadera contribución de esta reforma al déficit del Sistema de Retiro de los empleados gubernamentales en Puerto Rico. Es válido anticipar ciertas consecuencias de esta reforma en nuestra cultura. La mayormente afectada será la cultura política populista. Parece que Pierluisi no está consciente de esto cuando promete más populismo al oponerse a la reforma. La gobernación en Puerto Rico ha fundamentado su control electorero y administrativo con su gran base de los empleados públicos. Esa fue la gran misión de LMM, empleos y empleos vitalicios. Los empleados públicos deciden las elecciones generales en Puerto Rico. Esto va a cambiar cuando los jóvenes se den cuenta que, con la reforma del Retiro, trabajar para el gobierno paga menos que el sector privado donde hay la oportunidad para cotizar para el Seguro Social Federal y muchas otras cuentas de retiro con grandes beneficios.

Había que aprobar la reforma de Retiro ante la posibilidad de desangrar el fondo general, el cual está en déficit billonario. Todos en Puerto Rico saben que quienes cargarán con la cuenta de cuadrar nuestro déficit a fin de año serán los bonistas en Nueva York. Por las incompetencias de las administraciones gubernamentales del PNP y del PPD, pagamos de los intereses más altos por nuestra clasificación Ba2. El rendimiento de esos bonos paga casi el doble del rendimiento que otros análogos en los EEUU. Si a eso se le añade las exenciones tributarias de impuestos federales, estatales y locales, la mesa está bien servida para los inversionistas. Que dicho sea de paso, son muchos estados y fondos mutuos donde los bonos de Puerto Rico son parte de sus portafolios; 70%. Ya es tiempo de que estos economistas se den cuenta que lo correcto no es sólo tapar boquetes deficitarios, sino crear riquezas para todo el pueblo de Puerto Rico. Tenemos administraciones reactivas y no proactivas. Todavía está de por verse una administración gubernamental en Puerto Rico con más de las únicas dos neuronas en sus cerebros, la del PNP y la del PPD.

Con carta o sin carta del gobernador de Puerto Rico hacia el Presidente, Obama tiene un compromiso de palabra con el pueblo de Puerto Rico. Tanto el Presidente como el Partido Demócrata de los EEUU, entienden que el desarrollo económico de Puerto Rico está íntimamente ligado a la solución del estatus. Esto es así porque la única manera de que los puertorriqueños puedan ejercer algún control efectivo de nuestra economía sólo se da con la independencia de los controles del Congreso o ejerciendo control parcial en el Congreso con la estadidad y sus dos senadores y cinco representantes. La economía en la colonia depende de las dádivas del Congreso para Puerto Rico y las regulaciones que nos permitan alterar. En el presente estado colonial, las leyes de cabotaje, el control de las fronteras, las leyes que regulan nuestra economía y el comercio internacional están fuera de nuestro control. Es por estas razones que nuestra economía está y seguirá estando estancada. Ya el pueblo habló y le dijo en mayoría de 54% NO al estado territorial. El Congreso y el Presidente están en la obligación de contestarle al pueblo. Ya lo hicieron al aprobar el plebiscito; ahora los mudos que no quieren contestarle al Congreso y al Presidente son los tres partidos políticos - los tres chiflados. Lo que es necesario es un referéndum en Puerto Rico como el aprobado en el Congreso para iniciar el proceso de descolonización. Las definiciones deben de estar claras y tienen que ser compatibles con la Constitución de los EEUU. Pues, la aprobación de todas y cada una de las alternativas de estatus será finalmente decidida por el Congreso. La presente resistencia de los tres chiflados hacia ese proceso es que desde los tiempos inmemorables han prometido el cielo y las estrellas sin contar con el dueño del circo.

De un lado las tres agencias acreditadoras - S&P, Moody's y Fitch - con el crédito del ELA en chatarra y una perspectiva negativa; de otro lado, AGP, Melba y el BGF en negación de la crisis fiscal y de espectadores el 70% de los norteamericanos que tienen bonos del ELA en sus fondos mutuos que están en pánico de perder todos sus ahorros e inversiones; la tormenta perfecta. Le invaden la oficina del gobernador sin pedirle permiso. Quien no se dé cuenta de que vive en una colonia necesita que lo parta un rayo para darse cuenta de que la electricidad existe. Esta es la antesala de una posible bancarrota o incumplimiento del pago de la deuda nacional. En la realidad, los responsables son los EEUU; pues saben que el gobierno del ELA es un tigre de papel y quien controla la economía de la Isla es el Congreso de los EEUU. Ahora se preocupan porque los bonos municipales están en picada ante el avance de Wall Street y la amenaza del Tesoro Federal de retirarse de la compra de bonos. La chatarra de Puerto Rico sería la gota que desborda la copa de los fondos municipales y serán muchos los norteamericanos que se verán económicamente afectados.

Todos los partidos en Puerto Rico tienen culpa de hacer promesas de no cuadrar el déficit gubernamental y continuar aumentando la deuda nacional a puntos insostenibles. Llegará el momento cuando se le pague a los bonistas y se le deje de pagar a todos los servidores públicos en Puerto Rico. No pagar no es una opción para los federales y por eso nos invaden para asegurarse de que la prioridad sean los bonistas; independencia fiscal - sueño de colonizado contento. Decir que con la independencia para Puerto Rico partimos de cero es un tanto fantasioso. El ELA tiene una deuda pública de $70 billones con los EEUU. Peor aún, entre un 30% a 50% de las agencias de gobierno dependen en su presupuesto de las ayudas federales y sin esas ayudas no podrán operar. La independencia para Puerto Rico, hasta ahora, ha sido un sueño de idealistas fracasados que no se pueden auto-sostener y dependen del gobierno estatal y/o federal para su sostenimiento individual.

Nuestras mentes están controladas por la filosofía imperialista de dividir al país conquistado para así tener el control nacional. El Congreso de los EEUU controla nuestra economía, moneda y comercio. Somos un mercado cautivo de colonizados contentos en el mantengo colonial del ELA. Ahora que los EEUU tienen su propia crisis financiera, se acabaron los préstamos para el ELA. Cuando llegue la insolvencia nacional, sólo habrá tres soluciones: subordinación con sindicatura federal, soberanía nacional o estadidad. La economía de Puerto Rico la controla el Congreso de los EEUU y Puerto Rico (ELA) no tiene el poder para controlar sus procesos económicos como la moneda, ni la capacidad para restructurar la deuda o controlar el comercio internacional.

En octubre 17 del 2013, el prestigioso periódico "Wall Street Journal" predijo que los bonos del ELA pueden que los degraden a chatarra en 2014, aunque al presente el mercado los considera chatarra, si no se cumplen las metas de crecimiento establecidas. Ahora los populares les echan la culpa de la chatarra a los pobres. La pobreza en Puerto Rico no es sólo económica; es también intelectual. La consigna del momento debe ser la de aumentar la producción y ganancias a nivel nacional. Esto conlleva, en adición de poner los pobres a trabajar y convertirlos en empresarios, mucho más. El PPD está como el Tea Party; obsesionado por problemas pequeños ignorando los mayores. La situación de insolvencia fiscal los tiene de carreritas esporádicas cuando se acuerdan de la gravedad de la situación porque no ha sido la prioridad crear un plan económico nacional que resuelva la situación fiscal y económica y aumente la producción nacional. Sólo estimular la inversión y la creación de empleos revive la moribunda economía nacional. Le temen a la estadidad porque saben que la estadidad atraerá el inversionista norteamericano y las reglas serán las capitalistas de libre empresa y, bajo esas condiciones, tienen miedo a perder sus negocios. Tanto que se jactan de soberanistas y no acaban de decidirse por la soberanía nacional de Puerto Rico y librarse de la atadura de la Ley Jones. Tan pronto soliciten la eliminación de la Ley Jones saben que están declarando la independencia de Puerto Rico de los EEUU. Por eso ni la estadidad ni la independencia consideran; solo el mantengo colonial está en sus mentes y barrigas.

La ineficiencia del gobierno es una da las principales causas de la pobreza en Puerto Rico. Se gastan innecesariamente muchos dineros para seguir manteniendo unos servicios energéticos de los más caros en el mundo comprando petróleo que sólo enriquece a unos pocos con enchufes en el gobierno. Tanto alcalde bocón e ineficiente. Comparando Puerto Rico con sus 3.7 millones de habitantes y 78 alcaldes a NYC con sus 8.3 millones de habitantes, NYC tiene un sólo alcalde. Pongan todos esos dineros en un pote para incentivar el trabajo con buenas ganancias y dejen las políticas populistas de repartir la pobreza a todos por igual y esconder el fracaso de las mediocres prácticas administrativas gubernamentales que sólo hace más ricos a los legisladores y alcaldes mediocres. Las medias verdades y las cantinfladas no son productivas económicamente. Se necesita un plan de desarrollo económico de primera para poder erradicar la pobreza en Puerto Rico. Por ahora, nos tenemos que conformar con los fiestas "discos" y la recogida de fondos de nuestros líderes para sus futuras elecciones.

El Gobernador se contradice de día a día. Ayer dijo que el gobierno está solvente, tiene dinero suficiente y que no hay que correr a coger prestado, pero hoy firma en ley la capacidad de coger 2 billones de dólares en préstamos de Cofina para cuadrar tres presupuestos, incluyendo el presente. Él asume que todo el pueblo de Puerto Rico es tan ignorante como los papagayos de su partido y no leen noticias nacionales de los EEUU. El gobierno ha perdido credibilidad ante las agencias crediticias por tantas promesas no cumplidas como la de cuadrar el presupuesto con crecimiento económico y no con préstamos. Los nombres de AAV (Aníbal Acevedo Vilá), LF (Luis Fortuño) y AGP han sonado mucho como prometedores de promesas no cumplidas. El valor de los bonos de Puerto Rico va en caída estrepitosa y tienen a todo el mundo investigando porque si los consejeros en inversiones sabían de los problemas económicos de Puerto Rico, su deuda de $70 billones y el decrecimiento económico de 5.4% no alertaron a tiempo a los inversionistas. Es de perro flaco pensar que los bonos de Cofina se venderán mejor que la chatarra que son; pues, para efectos prácticos, todo el ELA es ya chatarra. ¿De dónde surgirá la inversión para estimular el crecimiento económico en la Isla? Tienen un elefante en su despacho en Fortaleza y no lo ven. Que se ponga los pantalones largos y, de una vez y por todas, luche por la soberanía nacional que tanto han cacareado hipócritamente para así restructurar la deuda nacional y abrir el mercado competitivamente internacionalmente con mejores costos que la Marina Mercante o, de una vez por todas, salgan del closet y declárense estadistas.

El proyecto de ley para despenalizar la posesión de marihuana es sólo uno más de esos que llama la revista, The Economist, "pussyfooting" de este gobierno. En lugar de pensar en grande para ponerle un motor de carreras a la economía haciendo el ELA un monopolio para el cultivo de la marihuana y venderla al mundo entero. En menos de un año pagaríamos la deuda en efectivo todos los 70 billones de dólares de la deuda nacional. Claro está que bajo el ELA tendríamos que pedirles permiso a papá Congreso para poder hacerlo. El tetrahydrocannabinol, la sustancia que arrebata en la marihuana, es una protección que secreta la planta contra los rayos del sol; en otras palabras, mientras más cerca del ecuador que se cultive la yerba, mayor será su potencia. Puerto Rico geográficamente tiene un sitio de primera fila al sol, haciendo esto una de gran calidad y potencia la hierba que se cultive en la Isla. Será tan potente que propongo se bautice como marihuana estrellá. Por supuesto, el "gobierno propio" del ELA tendrá que pedirle permiso al Departamento de Agricultura Federal antes de plantar la primera semillita de marihuana en el suelo boricua.

El Señor Comisionado debe de dejar de hablar como político y explicarle al pueblo de Puerto Rico que la reforma del sistema de Retiro de los maestros es una manera de disminuir gastos del gobierno para así mejorar las posibilidades de cuadrar el presupuesto. Si él tiene una sugerencia, que la tire al medio y deje de usar esta dolorosa medida para allegarle votos al PNP. En realidad, no se le ocurre nada para cuadrar el presupuesto y evitar que oficialmente se cierren los mercados de bonos para el ELA. Diga lo contrario AGP; la realidad es que si el ELA no coge prestado, tendrá que cerrar parcialmente el gobierno. Volveremos a recordar los tiempos de AAV. Cuadrar el presupuesto es un paso esencial para restaurar la confianza en el mercado y la credibilidad del gobierno del ELA del cual Pierluisi es parte. Con las investigaciones iniciadas en Massachusetts hacia las casas de corretajes, promoviendo la compra de los bonos de Puerto Rico sin informar apropiadamente de los riesgos muchos harán como Barron's y recomendarán alejarse de ellos o salir de ellos antes de que se conviertan legalmente en chatarra. Esto sería catastrófico para Puerto Rico. Ahora que eso ocurrió eso mismo es lo que muchos han hecho, minimizando su exposición. Las esperanzas del Comisionado en convertir a Puerto Rico, que está en casi bancarrota, en el estado 51 de los EEUU puede que se esfumen instantáneamente. La alternativa en ese momento para restructurar la deuda puede que requiera el remplazo de la autoridad local por la federal en la administración de la situación fiscal, marcando el fracaso del ELA y todos sus administradores. La otra alternativa será la de restructurar la deuda nacional, como verdaderamente soberana, mediante el reconocimiento del Congreso de la independencia de Puerto Rico hacia los EEUU. En la alternativa como un estado soberano bajo supervisión que algunos le llaman colaboración estrecha mediante un contrato de Libre Asociación, es semejante a lo que ocurrió con la crisis fiscal de la Micronesia.

El Señor Presidente del Senado de Puerto Rico tiene que abrir los ojos y salir de su perenne negación. Hay que dejar de vivir de coger prestado y estimular el crecimiento económico con inversión. El presente estatus colonial interfiere con estimular la inversión económica en Puerto Rico. De una vez y por todas, deberían hacerle caso al Presidente Obama y seguir sus recomendaciones en su informe de marzo del 2011 en el que establece que los problemas económicos de Puerto Rico son causados por el presente estatus del ELA. El Presidente del Comité de Recursos Naturales y Energía del Senado de los EEUU, Ron Wyden (D-Oregón), le hizo la sugerencia de que los únicos caminos a la recuperación económica de Puerto Rico lo son la soberanía nacional y/o la estadidad. Ya es tiempo de decidirse y perderle el miedo a asumir la responsabilidad de tomar el control de la elaboración de las leyes que rigen nuestra sociedad y economía. El mantengo colonial hay que reemplazarlo con aumento de la producción nacional y la responsabilidad por el sustento propio. Hay que ponerle fin a los 520 años viviendo del mantengo de los españoles y los norteamericanos. El camino fácil es pelear entre nosotros sin asumir la responsabilidad de una economía sostenible y auto-sustentable, escondiendo la incapacidad de elaborar un plan para la auto-suficiencia nacional.

El valor de los bonos del ELA y agencias limítrofes incluyendo Cofina es menos de los de Grecia, Venezuela y Detroit y los intereses a pagar son astronómicos. La liquidez del gobierno está cifrada en el posible crecimiento económico en la Isla; veremos si en los próximos seis meses crecemos o nos achicamos aún más. Mi pregunta de los 60 mil chavitos para el Gobernador es, ¿seguirá usted las recomendaciones del Presidente Obama en su informe de su Grupo de Trabajo (Task Force 2011), la plataforma oficial del Partido Demócrata de los EEUU y la recomendación del presidente del Comité de Energía y Recursos Naturales del Senado, Ron Wyden, de que los problemas económicos de Puerto Rico aguardan una decisión sobre el status de Puerto Rico entre la Soberanía Nacional o la Estadidad? Es necesaria e indispensable una negociación de la deuda nacional. Las maneras más ventajosas para Puerto Rico son con la independencia de Puerto Rico, con la independencia en forma de libre asociación con los EEUU o con la estadidad para Puerto Rico. El renegociar la deuda nacional es lo más prudente, excepto que el Gobernador esté convencido de que el ELA pare más crecimiento económico para Puerto Rico. Veremos cuán largos son los pantalones de AGP muy pronto.

Están todos temblando ante el viaje de los representantes del gobierno del ELA hacia NYC para reunirse con las agencias acreditadoras. Las tres (Finch, Moody y S&P) están de acuerdo en que el ELA es un becerro negativo - Ba2 y BB+ (chatarra) - en perspectiva negativa. Gastamos más de los ingresos que tenemos. Lo único que se les ocurre es pedir prestado como Yulín en San Juan. Todos están con las blanditas de que les digan que NO a más préstamos. El problema no es único de AGP, sino de todo el PPD. No tienen un plan de desarrollo económico para salvar de la quiebra económica al ELA. Ninguno sabe cómo poner la gente a trabajar y evitar el robo continuo y permanente de los dineros del pueblo trabajador. Ninguno de estos bocones tiene un plan de resucitación del ELA. Tengan mucho cuidado, pues pudieran enfrentarse a la orden de tener un síndico federal monitoreando las finanzas del ELA. Para los que no quieren inherencia federal, puede que le den tres tazas.

El crédito de los EEUU es AAA, mientras que el de Puerto Rico es Ba2; en otras palabras, Puerto Rico está a riesgo de no poder pagar sus deudas y los EEUU no lo está porque cuentan con crédito suficiente. Dos compañías como Facebook y Google tienen más riquezas que todo Puerto Rico. Por ocho años consecutivos, la economía de Puerto Rico está en recesión. La de EEUU está creciendo. Mientras que en Puerto Rico trabaja el 41% de la población hábil, en los EEUU trabajan 63%. Pero lo peor es que Puerto Rico no tiene ningún control de su economía, moneda, comercio, ni las leyes que las regulan mientras que el Congreso de los EEUU tiene control de su moneda, comercio y economía. Por sobre todo, la economía de aquí la controlan allá en todos sus aspectos fundamentales. Algo que ningún gobernante en Puerto Rico se ha atrevido a reclamar.

Si de mala administración se habla, nada bueno se puede decir de las administraciones mediocres del PNP y del PPD que son las causantes de que este año la Autoridad de Puertos no tenía dinero para seguir operando el aeropuerto LMM y en siete meses el ASR no tendría dinero para pagar a los retirados. Ahora habrá más retirados, menos gente trabajando y mayores pagos para retirados de parte del gobierno. Los efectos a largo plazo están de por verse; la planificación brilla por su ausencia. Los administradores no ven más allá de sus narices y sus barrigas. Pero el cuento no acaba ahí, pues le seguirán Educación, la UPR, el retiro de los jueces, AAA, AEE (Autoridad de Energía Eléctrica) y otras que están con el agua hasta el cuello. Veremos que tan buena es la administración, a ver si nos salva de la bancarrota que ya está azotando a los municipios. Falta mucho que hacer para subir el crédito de chatarra a uno de inversión. Mi opinión es que las alternativas plausibles de buena administración son negociar con los EEUU la libre asociación independiente o la estadidad para Puerto Rico. ELA es quiebra segura.

La definición que le dio el PPD al concepto de Legislador Ciudadano es análogo a la cantinflada de que somos un estado libre y no una colonia de los EEUU. Indistinto de ser promesa no cumplida de campaña política, lo más importante es que es un acto de avaricia y egoísmo reclamar esos privilegios para sí mismos cuando el país está al borde de la bancarrota. No aparecen los dineros para subsanar el déficit, pagar las deudas de la Autoridad de Carreteras, Centro Médico y ASEM (Administración de Servicios Médicos) y los legisladores hacen igual que los alcaldes; asegurarse de llevarse sus tajadas del presupuesto primeros que nadie. Ninguno tiene vergüenza alguna. Todas las administraciones gubernamentales en

Puerto Rico han operado de manera reactiva cuando la tormenta azota es cuando buscan el paragua. Así se vive en la colonia; sin un plan de desarrollo económico nacional, sostenible y auto-sustentable. Se habla de promover el auto-sustento a nivel de comunidades especiales, pero se omite el auto- sustento del gobierno estatal. A nivel de gobierno, todos se reparten el bacalao sin conciencia de que vamos en camino a la bancarrota. Se habla de hacer tal o cual cosa para evitar la insolvencia, pero todavía están de por verse los resultados. La enajenación y el robo de los fondos públicos es la ley imperante en las administraciones. Ojalá que las agencias acreditadoras no se den cuenta y crean en las promesas hechas antes de tirarnos a la sindicatura federal.

La presente crisis fiscal, la pérdida de valor de los bonos del ELA, la chatarra del crédito y la posible bancarrota del ELA se la debemos tanto a populares como a estadistas e independentistas. Ninguno ha podido articular un plan de desarrollo económico que nos lleve a ser un país auto-suficiente, auto-sustentable, productivo y competitivo económicamente a nivel internacional. Todos basan sus propuestas en el pensamiento mágico de dependencia hacia el colonizador de turno. Ambas administraciones, las del PNP y el PPD, han hecho continuas promesas de cerrar el déficit fiscal y lo que han hecho es endeudarnos más cogiendo prestado. Ningún partido político en Puerto Rico nunca ha presentado un plan de desarrollo económico que haga la dependencia menor al Tesoro Federal y aumente la producción nacional. Todos se comportan como dependientes colonizados contentos mendigando ayudas en forma de estadidad, independencia o 936 y exención tributaria federal. Ya es tiempo de que maduren, alcancen la adultez del auto-sustento y dejen las propagandas populistas de que tal fórmula de estatus nos deja más que la otra. Dejen de repartir promesas de dineros desconocidos. Promuevan el trabajo, el orgullo nacional, la auto-suficiencia económica y, por sobre todo, la planificación prospectiva del desarrollo económico de la Isla. Ya es tiempo de que dejen de llorar como bebés engreídos.

La quiebra del Banco Gubernamental de Fomento es sinónimo de la quiebra del ELA. La colonia se va a pique. No ha importado que el Presidente Obama y todo el Partido Demócrata de los EEUU lo hayan dicho; los problemas económicos de Puerto Rico están directa y causalmente relacionados al estatus jurídico político entre los EEUU y Puerto Rico. Este Banco le sirve primordialmente a las agencias de gobierno y no al pueblo directamente. Que se fastidien los gobernantes y políticos por ser tan ignorantes de sus problemas y posibles soluciones; mulas tercas colonizadas. Promesas sin dinero para cumplirlas y mayores impuestos para quien trabaja. No botan empleados de gobierno, pero le roban al trabajador con más impuestos para darse la buena vida. ¡Que viva el baile, la baraja y la botella!

Lo de la intervención con la Policía es una mosca que le cae a la leche. La desconfianza hacia toda la administración gubernamental en Puerto Rico es una realidad. El gobierno ha cogido prestado para pagar la nómina, cuadrar el presupuesto y pagar intereses de la deuda y no para crear infraestructura así como lo hacen otros estados. Los bonos del ELA no fueron clasificados chatarra previamente porque las agencias acreditadoras estaban dándole una oportunidad a los inversionistas de deshacerse de los bonos antes de que perdieran todo su valor. Ya es una realidad que el gobierno de AGP será supervisado por el gobierno federal comenzando este diciembre del 2013. Se acabaron las mentiras de buena administración, lo tenían callado y, por eso, repartieron bonos antes de tiempo; primero a ellos, último el pueblo. Se les acabó el mambo. La oficina de Administración y Presupuesto Federal, la oficina del Consejo Económico Nacional, el Departamento del Tesoro, Educación Federal, Salud Federal, EPA (Environmental Protection Agency) y Vivienda Federal tendrán una presencia para aconsejar a la administración presente hacia el manejo correcto de los fondos federales, maximizar su uso, evitar la corrupción de los fondos federales y guiar a Puerto Rico hacia un plan de desarrollo económico auto-suficiente, auto-sustentable, productivo y competitivo. Lo que realmente es una situación enfermiza es que en los EEUU entienden que la condición económica de la Isla es una crítica al punto del Presidente Obama enviar un equipo de sus asesores para ayudar a enfrentar la crisis fiscal mientras que todo un pueblo, en especial el Gobernador y la Legislatura, está en completo estado de negación.

Estamos enfrentando la tormenta perfecta - la chatarra y luego la quiebra fiscal - y seguimos bailando, bebiendo y jugando a la politiquería de quién es el más gordo e ignorante de nuestros políticos. Como dice el refrán, del árbol de Olmo no se puede esperar peras. Quieren ser diferentes y atribuir la crisis fiscal a Fortuño y a otros seis gobernadores anteriores y AGP no tiene ninguna responsabilidad. El no aceptar parte de la responsabilidad es un acto de fragante irresponsabilidad. Es un acto de inmadurez como la del niño que rompe el jarrón y niega haberlo tocado. El Gobernador, en lugar de crecerse ante la situación, ha tenido una regresión infantil que le va a tumbar todo el pelo. Los bonos del ELA son basura porque la producción nacional se iría en su totalidad al pago de la deuda nacional si la tuviésemos que pagar de cantazo. Los caminos del gobierno de Puerto Rico se van cerrando para seguir viviendo del crédito y más deuda. Los bonos de Cofina son los de mejor clasificación al presente aunque sean chatarra para Moody's. De ellos depende el gobierno para coger más prestado y cuadrar los presupuestos pasados y presentes. Parece contradictorio que piensen eliminar el IVU cuando esa es la garantía de los bonos de Cofina. Parece que vivimos un mundo surreal de falta de responsabilidades y de soluciones absurdas ante los problemas. Sin crédito estamos fastidiados. El ELA con su estado de sumisión y subordinación a los EEUU dispone a nivel constitucional el pago de la deuda antes del pago de los servicios al pueblo.

Sin dineros por concepto de deuda, están en riesgo los dineros para parear el Medicaid y para pagar a la Rama Judicial. Por el hoyo se van los dineros de salud del gobierno si no pueden parear los dineros del Medicaid. Más municipios se verán en bancarrota muy pronto. Él que no acepte que estamos en un estado de emergencia fiscal está enajenado o es un fanático popular. Todos los gobernantes en Puerto Rico han fracasado en hacer de la producción nacional la manera de crecer la economía y cubrir los gastos del gobierno. No sólo es evidente el derrumbe del ELA, sino también la incompetencia de todos los políticos locales en ser capaces de planificar y diseñar formas de estimular la inversión para el crecimiento económico de la Isla. Los servicios y la empleomanía gubernamental tendrán que ser recortados y consolidados por necesidad y obligación de la emergencia fiscal. Volveremos a oír las célebres palabras de medicina amarga. Ahora serán purgantes los que vienen para encima.

Medicare es un programa federal para proveer servicios de salud a los envejecientes que hayan pagado sus aportaciones al Seguro Social y para aquellos incapacitados que han trabajado y están incapacitados de trabajar, según las guías establecidas federales. Medicaid es un programa en los EEUU dirigido a los pobres e incapacitados que no pagaron las cuotas del Seguro Social. En Puerto Rico es distinto respecto a Medicaid. Los dineros del Medicaid se reciben en Puerto Rico en un bloque para que el gobierno de la colonia, Puerto Rico, ofrezca servicios médicos a los médico-indigente pareando las ayudas con el 50% de contribución del gobierno estatal. Los dineros que el gobierno de Puerto Rico usa para parear los fondos federales provienen de los préstamos del gobierno y bonos. Si el gobierno de Puerto Rico no produce los dineros del apareamiento requerido, no se aprueban los fondos. Si no se emiten los bonos con la garantía de Cofina, no se podrán aparear las aportaciones federales al Medicaid y no se otorgarán los fondos de Medicaid. Ahora que la perspectiva es negativa para Cofina, ¿de dónde saldrán los fondos para el apareamiento?

No tan sólo se debe de legalizar el uso y consumo de marihuana en Puerto Rico, también el gobierno debe de tomar el control de quién, dónde se cosecha y cómo se distribuye de manera legal y regulada como empresas que hagan el pago de los impuestos correspondientes. Si se quiere tomar ventaja del turismo que internacionalmente usa y consume la yerba, hay que controlar su uso, consumo, cultivo y distribución y estimular empresarios con el desarrollo de pequeños negocios promovidos por el gobierno de Puerto Rico. Sus capacidades medicinales relajantes son de beneficios para atender el dolor crónico muscular y óseo, contrarrestar los síntomas secundarios de las drogas contra el cáncer, mejora el glaucoma y el asma, la ansiedad y expande la percepción subjetiva de la realidad creando distorsiones de las sensaciones del tiempo y el espacio a nivel del sistema nervioso central. Él que la quiera usar, que la use y él que no la quiera usar, que no la use. Como profesional en la psiquiatría, recomiendo que se haga como en los estados de Colorado y Washington, semejante a Uruguay y próximamente Méjico, y se legalice su uso y el gobierno se beneficie económicamente promoviendo el desarrollo de empresarios que actualmente existen en los puntos y convirtiéndolos en asociados al gobierno y no al narcotráfico. Legalicen su distribución siempre y cuando se use la marihuana de cosecha nacional y no del extranjero. Él que no sepa que esa es una industria en el presente millonario en Puerto Rico es un ignorante.

A esta administración sólo se le ocurre imponer más impuestos. De ahora en adelante, para vivir y trabajar legalmente en Puerto Rico habrá que pagarle una patente al gobierno. Este tipo de práctica administrativa gubernamental de corte socialista no le sentará bien a las agencias acreditadoras que son fieles al sistema capitalista de libre empresa con mínima intrusión regulatoria del estado. Esto tiene un tremendo olor a chatarra y de putrefacción del ELA. En lugar de pedir misericordia, los legisladores deben ponerse a trabajar para reducir los gastos operacionales del gobierno y, con las economías, promover la producción económica privada; incompetente. Tanto en las Micronesias, Palau y las Islas Marshall después de los contratos de libre asociación, los EEUU han planificado estimular el desarrollo del sector privado. Que al igual que en Puerto Rico durante el tiempo colonial, el sector privado no se desarrolló apropiadamente. El antagonismo presente entre el sector público y privado, auspiciado por esta administración gubernamental, no es conducente hacia crecimiento económico.

Por primera vez, oigo un funcionario gubernamental entretener la idea de disminuir el gasto para cuadrar el presupuesto. La práctica ha sido hasta ahora un presupuesto mayor sin el dinero que lo respalde. Si la Secretaria de Hacienda entiende que hay compañías que sus estados financieros no hacen sentido, investíguelos. Pero no pueden pagar justos por pecadores con este gravamen absurdo de la patente nacional. El gobierno está para promover la producción económica, no para vivir de la producción económica privada sin ellos producir nada.

Primero la policía y ahora salud, ¿Cuánto tiempo le tomará a los actuales gobernantes aceptar de que Puerto Rico es territorio federal y la ley federal va por encima de la local? Tendrán que empezar por leerse bien el mamotreto de la Ley de Affordable Health Care Act antes de disparatar con los servicios de salud y crear un monopolio de la salud con el gobierno administrando todos los servicios con la Triple S. Puerto Rico se arriesgaría a perder el 50% del presupuesto del departamento del Departamento de Salud si no cumple con las leyes federales. El hecho de que solamente 300 de 14,000 médicos puertorriqueños usen el sistema electrónico de manejo de información de salud confidencial denota la ignorancia de los médicos en general sobre las leyes de Salud Pública de los EEUU. En los EEUU son el 80% de los médicos que al presente estamos transmitiendo la información de salud de manera electrónica. La ley originada por el presidente Obama estipula que a nivel federal, toda institución recibiendo fondos federales tiene que cumplir con el requisito de usar la información electrónica de manera significativa de acuerdo a definiciones emitidas por el sistema federal. Se usan criterios específicos sobre lo que es significativo; so pena de descuentos por servicios como multas por no usar el sistema electrónico. Muchos estados prohíben licenciar médicos que no usen el sistema electrónico como estipula la Ley federal. Eventualmente, todos tendrán que usarlo para poder ejercer la medicina en los EEUU. El programa de incentivos federales para la implementación del sistema electrónico beneficia primariamente a los médicos primarios. Los mejores incentivos son para los del programa Medicaid; en Puerto Rico la Reforma. Para recibir dineros tienen que servirle a un mínimo de 30% de pacientes en la práctica pagados por Medicaid en la Reforma. El primer año te dan $26, 000.00 para comenzar a implementar el sistema. Si el médico hace su propia investigación y diseña su propio sistema inteligentemente, el pago del incentivo excede los gastos. Tiene que ser un sistema certificado por las agencias acreditadoras federales. El uso del sistema electrónico es un bombito al pitcher. Lo que es difícil es la transformación de los servicios ofrecidos para ser sometidos a un sistema de evaluación perenne e instantánea que pone límites específicos a la práctica clínica usual y su facturación.

La planificación de la economía y de todos los servicios ofrecidos deben de caracterizar el ser del individuo que supera la personalidad colonizada. Con la gran recompensa de que planificar bien paga.

Capítulo Siete

Ser o no ser Capitalista

Número Siete

Este individuo presenta una actitud de envidia y celos hacia la acumulación de capital por otros individuos.

La dimensión número siete se refiere al grado de reconocimiento y respeto hacia la propiedad privada. Describe también la actitud del individuo hacia la acumulación de capital por otros.

La personalidad colonizada se caracteriza por el individuo que:

No respeta la propiedad privada. Actúa con celos y envidia ante la acumulación de capital por otros.

La personalidad no colonizada se caracteriza por el individuo que:

Respeta la propiedad privada y reacciona de manera competitiva ante la acumulación de capital.

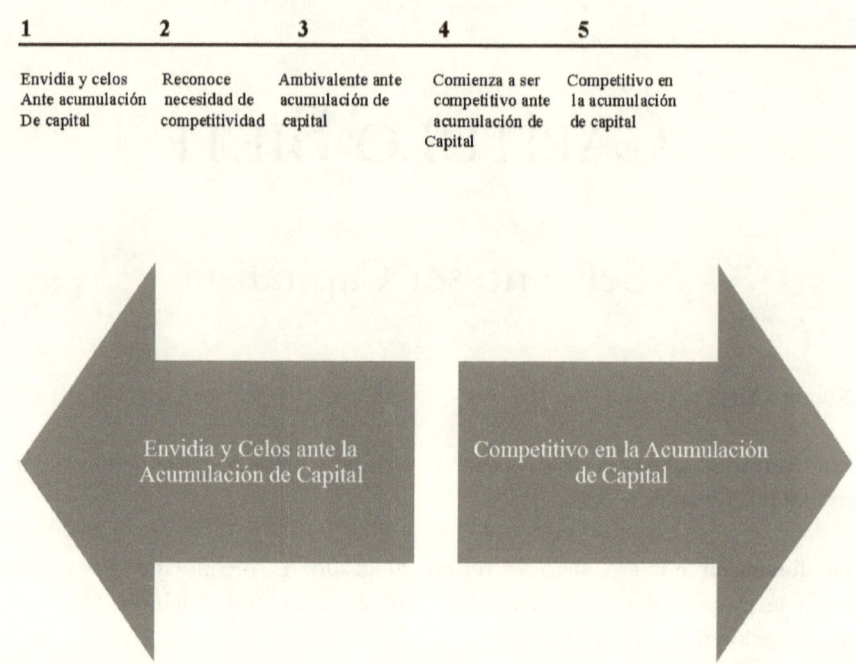

1	2	3	4	5
Envidia y celos Ante acumulación De capital	Reconoce necesidad de competitividad	Ambivalente ante acumulación de capital	Comienza a ser competitivo ante acumulación de Capital	Competitivo en la acumulación de capital

Envidia y Celos ante la Acumulación de Capital

Competitivo en la Acumulación de Capital

Ganar dinero y en abundancia es la meta posible y deseable en el sistema de libre empresa capitalista norteamericano. Esto es un derecho constitucionalmente protegido por la Constitución de los EEUU. Regular el monto de la ganancia de cualquier trabajador, profesional o no, es el tipo de juicio que hacen los gobiernos socialistas liberales de cortes populistas.

Dinero que la presente administración gubernamental en Puerto Rico espera que los profesionales le den al gobierno para así cubrir el desfalco de las finanzas gubernamentales, a consecuencia de sus malos manejos, falta de eficiencia y efectividad en los servicios y continuos actos de corrupción de todos los gobiernos en Puerto Rico. Están a punto de quedarse sin dinero, incluyendo el Banco Gubernamental, y sólo se les ocurre meterle la mano al bolsillo del profesional puertorriqueño. Saben que se les acabó el mambo de coger prestado. Pues, ya Reuters ha recomendado deshacerse de los bonos de Puerto Rico. Con la estadidad y la independencia, Puerto Rico deja su estado de ser una posesión territorial de los EEUU gobernada y regulada bajo la Constitución de los EEUU bajo el Artículo 4, Sección 3. Ganaría en mayores poderes para regular nuestra economía, leyes, regulaciones de comercio internacional sin tener que meterle la mano en el bolsillo al empresario y profesional puertorriqueño.

Sólo se dará crecimiento nacional cambiando las estructuras y leyes que regulan nuestra actividad económica, incluyendo moneda, leyes de cabotaje, Ley de Relaciones Federales #600, Ley Jones y disposiciones del Tratado de París y sus consecuencias para Puerto Rico y los puertorriqueños. Los derechos de propiedad privada de Puerto Rico le deben pertenecer a los puertorriqueños. Sólo con la estadidad o la soberanía nacional podremos obtener los derechos de propiedad privada de Puerto Rico para los puertorriqueños. Al Gobe le vale la cancioncita que dice, "toma chocolate y paga lo que debes"; pagar la deuda del ELA con el gobierno federal. Empezando con el Cuerpo de Ingenieros de los EEUU y sus $599 millones en deuda. Pero, ¿quién va a pagar la deuda del gobierno? ¿Será el propio gobierno, ahorrando millones con mejoras en la eficiencia y efectividad en sus servicios sin que se le pierda más agua de la que cobran? ¿Incompetentes? ¿Será el gobierno siendo el modelo de máxima productividad con los recursos disponibles? ¿O será el pueblo, pagando más impuestos para los incompetentes por los platos rotos de las administraciones corruptas gubernamentales que hemos tenido los pasados 61 años?

El elefante en medio de la sala del puertorriqueño es la ineficiencia, inefectividad, corrupción y mediocridad de las administraciones gubernamentales en Puerto Rico. Todo el mundo lo sabe. Pero nos hacemos de la vista larga porque nos conviene, en cierto sentido, tener tantas batatas en puestos gubernamentales. Muchos son nombrados ya que no tienen éxito ni son competentes en la empresa privada. Tradicionalmente, el gobierno ha favorecido al mediocre que más votos le consiga. Tantos legisladores, alcaldes y funcionarios públicos ineptos que pierden más agua de la que cobran. Los impuestos no son pagados mediante favores políticos. Los dineros en todas las agencias son mal usados sin ofrecer servicios contratados. Todo esto ocurre en Educación, Carreteras, Seguridad de Tránsito y otras que saldrán a flote paulatinamente. La administración gubernamental no sirve y para colmo se mofa, como colmillús, del que produce y tiene éxito en la empresa privada. Lo quieren estrangular con más impuestos injustificados destinados a perpetuar la mediocridad en las administraciones gubernamentales. Lo que tiene que cambiar en Puerto Rico es detener el obstruccionismo gubernamental sobre la productividad nacional y la empresa privada. La administración gubernamental actúa con celos y envidia hacia la acumulación de capital del sector privado. Los que no producen envidian a los que producen. La actitud institucionalizada de todas las administraciones gubernamentales en Puerto Rico ha sido una de obstaculización del desarrollo del sector privado. El gobierno, con un 24% del empleo nacional, es el principal patrono. Dentro de este, están institucionalizados los celos y envidia hacia el sector privado. En otras palabras, es la filosofía de que si yo no lo tengo, no lo va a tener nadie.

El gobierno no tiene dinero para mantener sus operaciones más allá de este año fiscal. Nunca se han dedicado a la creación y acumulación de riquezas en Puerto Rico. Cuadrar el presupuesto cortando gastos es la única oportunidad para continuar cogiendo prestado. El problema es que se ha cogido tanto prestado que lo que se coge prestado hoy es para pagar lo que se cogió prestado ayer. Ahora, los recortes de gastos le tocaron al patrono más grande de Puerto Rico, el Departamento de Educación. La incompetencia del gobierno para reactivar la economía ahora está agravada con la negación de la crisis fiscal. Se gastan millones en propaganda para ocultar la debacle y la incompetencia gubernamental en lugar de invertirlos para aumentar la producción nacional. Producción que depende del grado de educación y del desarrollo de destrezas en las áreas de las ciencias, tecnología, ingeniería y matemáticas (STEM) que nos permitan competir en el mercado global. La inversión en la calidad de la educación de nuestra población es la mejor inversión para aumentar nuestra crónica y no competitiva economía. Los recortes al sistema de retiro se hacen para disminuir gastos y coger más prestado. Esta mentalidad de colonizado contento debe de ser proscrita por ley y suplantarla por un orgullo nacional sobre nuestro trabajo y producción. La mentalidad de los parchos tiene que sustituirse por una revolución de nuestro sistema gubernamental alcanzado el poder de controlar nuestra economía con la soberanía nacional o la estadidad para Puerto Rico.

En la manada en busca de alimentos avanzan los más fuertes; los débiles se quedan rezagados y perecen ante la falta de alimentos. La vida es una lucha contra la naturaleza mucho antes de nacer. Ese es el quehacer del ser humano. El cambio y el movimiento son los motores de la vida. Puerto Rico nunca ha tenido un proyecto de país ni en el siglo 19 ni ahora; sólo sueños de colonizados contentos. El país lo han definido las metrópolis con sus leyes elaboradas en el Congreso sin nuestro consentimiento. Seguimos como el avestruz negando la agonía y lenta muerte del ELA y el colonialismo en Puerto Rico. Se ocultan los datos sobre la situación desastrosa de la condición fiscal, se gastan millones para maquillarla aparentando un muerto vivo para los inversionistas. Se fantasea con más subsidios sin parir trabajo viviendo del cuento. Se añora el pasado del jíbaro arrimado; contento con tener un techo y no tener que pagarlo aunque no fuera dueño de su libertad y el país. Más subsidios al estilo de las 936 son el sueño apremiante del colonizado contento. En lugar de honestidad y trasparencia prevalece el engaño y el sobre optimismo mal fundado que, en lugar de unir, nos separa entre los que odian y los que aman al colonizador de turno. Pintan una realidad caricaturesca tratando de hacer responsables a las agencias acreditadoras de nuestra insolvencia y falta de competitividad de nuestra economía a nivel global. Los celos y envidias contra el sector privado puertorriqueño se extienden a los capitalistas norteamericanos. Vivimos una fantasía de gobierno socialista con los dineros de los capitalistas norteamericanos. El proyecto de país se hace en colaboración con los dueños de los esclavos. No existe libertad sin la voluntad del opresor y del oprimido. El odio sólo engendra odio y no amor a la vida. ¿Qué hay de malo en querer ser blanco? ¿Es que sólo lo prieto es bueno? La no aceptación del sistema capitalista de libre empresa norteamericana sólo esconde los complejos de inferioridad del puertorriqueño hacia la acumulación de capital y riquezas en un sistema competitivo con los demás estados de los EEUU. La evolución es transformación para mejor adaptarnos a las circunstancias. Ese es el que hacer del hombre libre. Lo demás son cuentos de sumisos cobardes subordinados colonizados contentos.

La tasa de asesinatos por cada 100,000 habitantes es mundialmente de 6.9%. En los EEUU, con pena de muerte para asesinos, es de 4.8%. En Puerto Rico, sin pena de muerte para asesinos y con menú de beneficios para los asesinos como lo son casa, comida y culos de por vida y sin trabajar en la cárcel, es de 26.2%. Esta tasa de asesinatos tan grande sólo existe en países en guerra civil. La guerra civil en Puerto Rico se da principalmente en los puntos de drogas. La edad promedio del tirador es de 14 años y la del bichote es de 30 años. Los bichotes no tienen larga vida porque los tiradores, por celos y envidia de su acumulación de capital, deciden matarlos para ellos así convertirse en los dueños del punto y los dineros que estos producen. Esta dinámica de celos y envidia por la acumulación de capital y falta de respeto hacia la propiedad privada en los puntos de drogas es un reflejo directo de la actitud gubernamental institucionalizada contra el capitalismo y la libre empresa contra el sector privado en Puerto Rico. Este es un gobierno de corte socialista, un mini DACO (Departamento de Asuntos del Consumidor), sin conocer las consecuencias de lo que hacen. Los que tienen más pagan más es otro embuste como lo del estado libre y asociado. Los bonistas no pagan impuestos y son los más que tienen. El monopolio de la marina mercante es la más cara y esa es la que usamos. Las agencias de gobierno usan el agua y la electricidad sin plan de uso eficiente y conservador; no la pagan y no les pasa nada. Él que menos tiene la paga o se la cortan. El gobierno recibe un aumento en el presupuesto sin tener con qué y recurren al que produce para mantenerlos a flote. Desafían los principios económicos de Adam Smith, creyéndose los Robin Hood de la economía. Van a recaudar menos de lo que esperan. No habrá crecimiento económico y el crédito irá a chatarra con estas medidas impositivas contra la libre empresa y el sistema capitalista. Tratan de revivir el lema de pan, tierra y libertad para el agricultor sin empleo de los años cuarenta sin darse cuenta de que este es el siglo 21.

Este Mamut de la patente nacional será el principal autor responsable de espantar a los profesionales e empresarios nativos de hacer negocios y ofrecer servicios profesionales en Puerto Rico. No basta con una patente municipal. Ahora, tendremos que pagar una patente estatal; la nacional. Ahora, para todos los colonizados contentos, cantemos la Borinqueña y paguémosle fielmente a este gobierno mediocre e ineficiente para poder trabajar y acumular capital en Puerto Rico. El estilo monárquico de tiempos pasados históricos con la patente nacional se recrea en el presente con esta administración gubernamental del PPD. Me recuerda todo esto los tiempos del diezmo. Como el PNP no se queda atrás con sus ínfulas de poder, los alcaldes siguen subiéndose los salarios. ¡Que viva la buena vida para los partidos políticos en la colonia del baile, la baraja y la botella de los tiempos de la Reina Isabel y los diezmos al estado! Paga, Pueblo, paga.

Los que simplifican la discusión y son infantiles en la discusión política en Puerto Rico son los partidos políticos y sus papagayos seguidores que hablan de lo que no quieren, pero no definen lo que quieren. No se dan cuenta de la envidia institucionalizada que existe en Puerto Rico contra los que tienen empleo propio y tienen éxito superando los salarios y ganancias de miseria de los sueldos gubernamentales. Son parte de ese grupo envidioso del aparato gubernamental. Los números son claros; los empresarios privados son una súper minoría en Puerto Rico. Todo porque el aparato gubernamental quiere hacernos conformes con el parasitismo institucionalizado de los gobiernos colonialistas en Puerto Rico que viven del fondo general y las ayudas federales. El problema grande a superar en nuestra economía es la de invertir en el empresario privado que produce y así aumentar la producción nacional. Esto es en contraposición de estar manteniendo una manada de incompetentes, favoritos de partidos políticos, batatas e innecesarios en el sistema que no produce y que consume la mayor parte del presupuesto gubernamental sin producir económicamente. Seguimos creyendo que somos un granito de arroz en esta economía global. Dejemos los complejos de inferioridad que han sido inculcados por los colonizadores y los gobernantes fracasados mediocres. La solución al problema de baja productividad en Puerto Rico es la de revertir las prioridades e invertir en el sector productivo y cortar la grasa de tocino de esos gorditos que no producen. El problema no es que somos una isla, sino que las prioridades de inversión van dirigidas a los que no producen en lugar de estimular el sector productivo que vive de su trabajo y no de los préstamos para cuadrar sus presupuestos y que no aportan a la economía nacional.

La captación de sólo el 50% del IVU demuestra la ineficiencia e inefectividad del Departamento de Hacienda en el desempeño de sus funciones. Esta clase política de políticos colonizados, dependientes del pueblo, sólo se le ocurre más impuestos con sus consecuencias nefastas aumentando el desempleo, la inflación de los costos de los productos y, por ende, menos ingresos para Hacienda y cero crecimiento económicos. A ninguno se les ocurren menos gastos gubernamentales, como disminución en sus salarios, y que se comporten como ciudadanos comunes y corrientes al servicio del pueblo gratuitamente. Esta clase social de políticos colonizados está en riesgo de desaparecer con la quiebra del ELA. La lucha de clases, la clase rica y clase media, contra la clase pobre no se debe ver como la solución a nuestros problemas económicos. Ya los expertos en economía lo han dicho; el problema en Puerto Rico es que el modelo económico está obsoleto. La única solución a nuestros problemas económicos y sociales es la de lograr más control y poder sobre nuestra situación económica y social. Hay que dejar la dependencia a ciegas con el Congreso de los EEUU. El poder se obtiene con la independencia saliendo de la esfera de control del Congreso, y con la estadidad con dos senadores y cinco representantes que nos defiendan. Está en el pueblo decidir cuál de las dos soluciones a la esclavitud de la subordinada colonia prefieren. La pelea pequeña debe dejarse atrás en aras de una solución macro-social.

La mierda de bola es una expresión popular de la decepción generalizada de no mejoramiento económico para muchos habitantes en Puerto Rico. Se le puede asignar una responsabilidad compartida a la sociedad consumista capitalista, pero no es la única. La economía no crece, la gente no trabaja y se pasan arrebatados o alcoholizados para mitigar las penas de un fracaso económico generalizado que nadie parece solucionar. La gente espera más que una bola; usualmente la mayoría lleva dos. La situación se agrava cuando partido político tras partido político en toda nuestra historia colonial ha basado sus triunfos en el espíritu de administración gubernamental populista de generosidad para todo el mundo. Promesas de todo gratis para todos, yerba para todos, seguro de salud universal y suboxone de gratis para todos cuando la realidad es otra y nuestra producción de trabajo nacionalmente es a nivel de pobres y vagos. La dependencia al estado, no a las destrezas de los individuos y su excelencia en el trabajo, ha caracterizado los gobiernos de todos los partidos políticos dominantes en Puerto Rico por los pasados 60 años. El pueblo necesita mejorar su economía personal y nacional. Eso sólo se resuelve acabando este estado de sumisión y subordinación colonial de Puerto Rico ante el Congreso de los EEUU, aceptando el sistema capitalista de libre empresa y dejando atrás las filosofías administrativas de corte populista cuasi-socialista. El problema no se resuelve con tratar de vender la pobreza como digna al estilo Opus Dei. Todos tenemos derechos a expresar libremente nuestras aspiraciones y frustraciones cuando las promesas de mejoramiento económico todavía no se ven.

La reforma del sistema de retiro para maestros es una movida para cortar gastos y mejorar el déficit gubernamental presente. Con el recorte de gastos, los aumentos tarifarios, la patente nacional, el aumento del agua y la luz se espera que se reduzca significativamente el déficit para ser uno balanceado en el 2016. Con estas promesas y proyecciones se espera mantener los bonos del ELA en categoría de inversión y evitar la chatarra. El ELA, en aparente liquidez y solvencia hasta junio 2014, espera poder emitir bonos a intereses pagables próximamente. Después de la aprobada reforma del retiro de los maestros, el mercado de bonos reaccionó mejorando por decimas el interés a pagar en la emisión de deuda de los bonos generales del ELA. La interrogante mayor es ver si en el mes de diciembre del 2013 los recaudos del gobierno se dieron a los niveles esperados y, más importante aún, es determinar si hay o no crecimiento en la economía de Puerto Rico y si su caída por los pasados once meses se ha estabilizado. Desde el punto de vista de la administración popular, es interesante ver como esta se ha venido transformando hacia mayor participación en el mercado norteamericano para mejorar la condición fiscal de Puerto Rico. Al principio de la administración gubernamental, la participación en el sistema federal les valía. Poco a poco, han ido transformándose hacia mayor participación con los federales. Sin embargo, todavía denotan una ignorancia crasa de cómo funciona el sistema capitalista norteamericano.

No tiene sentido hacer de los maestros mártires cuando la chatarra del ELA se avecina y luego su bancarrota. Ese será el momento crucial para los puertorriqueños obtener poder político dentro o fuera de la nación norteamericana. Sin un vellón en el bolsillo será interesante ver que favorecerá la mayoría de los puertorriqueños; la estadidad o la independencia con o sin las ayudas de los EEUU. No creo que haya un sólo independentista que renuncie a los verdes dólares. Los codiciosos y gansos en Puerto Rico son los gobernantes. El 24% del empleo en Puerto Rico es gubernamental. El aparato gubernamental ha sido reseñado por las agencias acreditadoras como gigante e ineficiente. Además de malos administradores, todo lo quieren resolver cogiendo prestado. Tienen monopolios en la electricidad, aguas y puertos y los tienen en déficit cerca de la bancarrota. Ya es tiempo de detener compensar la mediocridad gubernamental con más impuestos a los comerciantes nativos. ¿Por qué no le meten la mano al monopolio de la marina mercante, a los bonistas y les imponen mayores impuestos? A todos esos los eximen del pago de impuestos cuando son los más ricos. Ambas administraciones, el PNP y el PPD, son responsables de la crisis fiscal en que nos encontramos. Este fenómeno anti-empresa privada nativa ocurre en las colonias y territorios de los EEUU como lo fueron las Micronesias, las Islas Marshall y Palau. Para impulsar el desarrollo del sector privado en estas islas, los compactos firmados con los EEUU los obliga a desarrollar el sector privado con las ayudas que reciben del gobierno federal. Las administraciones coloniales fueron de corte populista en esos territorios como lo han sido todas las administraciones coloniales en Puerto Rico y no se dedicaron a desarrollar el sector privado que es clave y fundamental para el buen funcionamiento del capitalismo. Las ideas cuasi-socialistas populistas van dirigidas a la re-elección de los administradores y no a desarrollar el crecimiento económico. El gobierno colonial es un parásito del sector privado así como lo es hacia el gobierno federal. Ya es tiempo de recortar la grasa de tantas batatas políticas mediocres e ineficientes y tener como objetivo el desarrollo económico de Puerto Rico en un sistema de libre empresa competitivo sin tanto entrometimiento de gobernantes mediocres.

Al presente, lo que está en juego es la credibilidad del PPD y sus líderes, comenzando por las agencias acreditadoras que no se creen los cuentos de la alegada solvencia del ELA. Aparentan solvencia para seguir cogiendo prestado y embrollarse más con la consecuencia de usar más el dinero del presupuesto para pagar los intereses de los bonos y tener dinero para pagarse a ellos y sus allegados en los municipios, agencias de gobierno, corporaciones públicas y la UPR. El problema es que la deuda es tan grande que el pago de los intereses obligará a aumentar el IVU y recortar gastos gubernamentales. Ese es el problema apremiante de Puerto Rico; lo del estatus se está resolviendo a nivel individual con un 2% de la población escogiendo la estadidad con sólo el importe de un boleto de avión hacia los EEUU. El PPD le sigue dando largas al referéndum de Obama, con la supervisión del Departamento de Justicia Federal, por la descualificación del ELA mejorado en la papeleta.

El dilema del colonizado entretiene el conflicto mundial entre las sociedades socialistas y las capitalistas. En Puerto Rico, este conflicto es irrelevante porque Puerto Rico es una colonia que le pertenece a la sociedad capitalista más exitosa en esta economía global, los EEUU. Las administraciones gubernamentales puertorriqueñas han vivido en estado de negación del colonialismo. Han desplazado el odio ante la opresión imperialista capitalista colonial de los EEUU contra el sector exitoso económicamente en Puerto Rico y han actuado con una actitud de celos y envidia contra el sector privado y la acumulación de capital por algunos, excepto los dueños del ron. Su filosofía institucionalizada de odio y celos contra la acumulación de capital encuentra su representación caricaturesca en la lucha de las gangas que controlan el trasiego de drogas en Puerto Rico. En lugar de continuar sus celos y envidias, deberían de dejar sus actitudes moralistas y hacer el sistema capitalista de libre empresa y la acumulación de riquezas por todos en Puerto Rico una aspiración fundamental de la transformación del ser colonizado.

Capítulo Ocho

Ser o no ser Democrático

Número Ocho

El individuo se enfrenta a la situación de resolver problemas mediante la creación de conflictos en lugar de resolver problemas promoviendo la creación de consensos estratégicos.

La dimensión número ocho se refiere al estilo en la solución de problemas. Describe también el estilo de liderato ante el grupo social; autoritario versus democrático.

La personalidad colonizada se caracteriza por el individuo que:

Es autoritario y se enfrenta a los problemas y situaciones sociales creando conflictos. Es egocéntrico y el consenso colectivo le es irrelevante.

La personalidad no colonizada se caracteriza por el individuo que:

Su estilo de liderato es democrático y promueve el consenso. Visualiza el consenso colectivo como el estilo de madurez nacional.

1	2	3	4	5
Crea conflictos Ante los Problemas	Ve necesidad de consenso ante los problemas	Ambivalente en la solución de problemas	Busca consensos en ocasiones en la solución de problemas	Busca consensos primordialmente de problemas

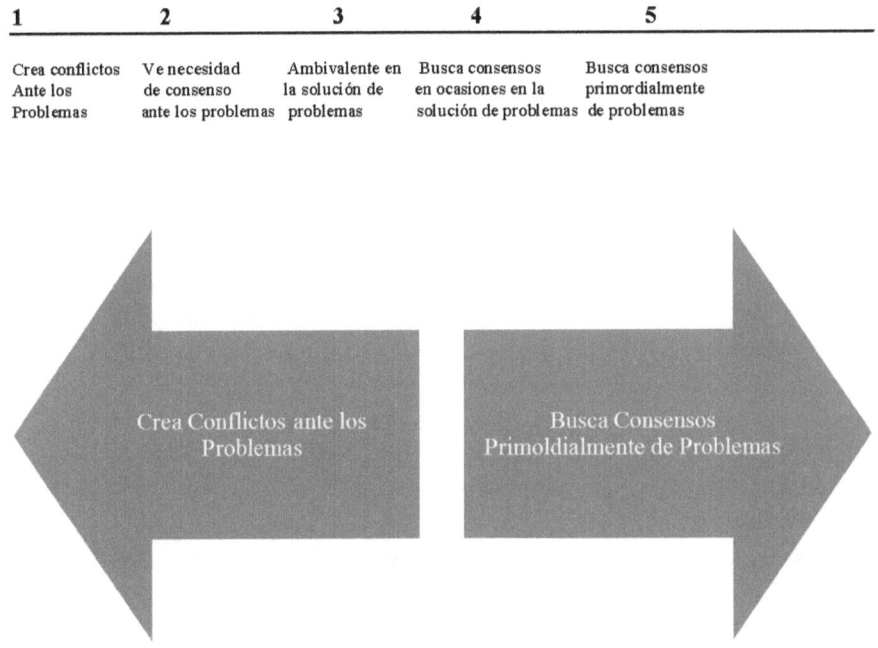

Al modificarse la ley federal que define el matrimonio mediante la decisión del Tribunal Supremo de los EEUU con sus dos casos sometidos y al definirse el matrimonio no como la unión entre un hombre y una mujer, sino como la unión de dos ciudadanos adultos que se unen consensualmente y por mutuo acuerdo, el Presidente Obama, Microsoft y Google se anotarán sendos créditos para la historia y la lucha por los derechos civiles. El Presidente Obama será recordado como El Libertador responsable de la reforma más revolucionaria en favor de los derechos civiles de grupos minoritarios en los EEUU al presente. Contribuirá con la reforma de los derechos civiles de las poblaciones homosexuales más significativa en la historia, la evolución de los procesos democráticos y el derecho individual de ser tratado como cualquier otro ser humano ciudadano norteamericano en igualdad de derechos y responsabilidades.

Todos estos populares que se creen mejor que AGP y están compitiendo contra él a ver quién es manda más. Tratan de aparentar que trabajan para el pueblo después de que se aseguraron su salario en sus bolsillos. ¿Dónde está el legislador ciudadano? ¿Adónde fueron a parar los dineros del pueblo? ¿En los bolsillos de los legisladores? Todavía estoy pacientemente esperando el primer proyecto legislativo presentado en consenso de los tres partidos políticos representados en las cámaras legislativas que vaya a resolver algún problema de significancia para el pueblo de Puerto Rico. Todos están aterrorizados con la ley federal aprobada para celebrar un plebiscito de estatus auspiciado por el Congreso a celebrarse en Puerto Rico. La palabra "consenso" esta fuera del diccionario de la política en Puerto Rico. Todos se dedican a crear conflictos y a rehuir lograr un consenso descolonizador para Puerto Rico. El estilo de todos es de tipo autoritario y no democrático. Actúan de manera individualista, narcisista y dictatorial. Dinámica humana caricaturizada en la televisión norteamericana en el programa de los Tres Chiflados. Fielmente y bien adoctrinados, siguen las directrices imperiales de debilitar y crear conflictos en el país conquistado para lograr así la imposición del poder federal de la metrópolis del Congreso de los EEUU. En su lucha troglodita tripartita, les sirven fiel, sumisa y cobardemente al poder divisorio en la población puertorriqueña que tiene el Congreso de los EEUU. Todos tratan de aparentar de que saben lo que quieren y sus metas para Puerto Rico. Ocultan la realidad de que las disposiciones del Congreso para Puerto Rico son de sus totales desconocimientos. La lucha salvaje e irracional entre todos los partidos políticos y sus seguidores es una manifestación clara de la falta de identidad nacional del puertorriqueño. Todos, con sus peleas infantiles, impiden y entorpecen el desarrollo de la nacionalidad propia. Cada cual escoge su pedazo de identidad fragmentada y lo defiende ciegamente y agresivamente con quien no la comparta. Todos actúan en contra del proceso de descolonización de Puerto Rico y del desarrollo de una identidad unitaria nacional que nos una a todos como puertorriqueños indistintos de los colores de sus partidos.

El Departamento de Salud de Puerto Rico está infectado con la peor bacteria conocida; la lucha troglodita partidista. La razón por la que la cláusula del ACA (Obamacare) sobre la compra obligatoria de seguros por toda la población no es de obligación en los territorios; es que se reconoce el deterioro económico en la Isla. El narcisismo político de esta administración los hace soñar con fantasías imposibles de lograr, pues esconden una total ignorancia y desafío a la Ley Federal ACA. En octubre primero del 2013 fue la fecha límite para que el gobierno de Puerto Rico cumpliera con una exigencia mayor de la Ley ACA con la creación de centros de venta de seguros competitivamente. Lo único que se ve en la realidad es el monopolio de parte de una aseguradora que se llama Triple S. Se hace evidente y obvio que la actual administración gubernamental no cuenta con un plan coherente y viable para el desarrollo y sostenimiento de los servicios de salud en Puerto Rico que cumplan con las exigencias de la Ley Federal, el Obamacare. El problema grande en Puerto Rico con el Obamacare es que se quiere convertir en otro monopolio del binomio gobierno popular y Triple S. Se elimina la competencia y se crea otro monstruo gubernamental monopolístico como lo son AAA, AEE y AP (Autoridad de Puertos) destinados a mala administración y dirigidos a la bancarrota.

El historial de los servicios de salud pública, ofrecidos por las administraciones gubernamentales en Puerto Rico, se ha caracterizado por sus ineficiencias e inefectividades en todos estos años. Ha persistido un historial de continuo falta de recursos, equipos deteriorados, pobre mantenimiento de las facilidades, pobre control de infecciones, personal ineptos favorecidos políticamente sin credenciales médicas, bajos salarios, paga incierta, exceso de trabajo y muchos otros males. Es una obligación moral del gobernador, que ante tan esperada intensión de reformar los servicios de salud públicos en Puerto Rico, invitar a todos los sectores a participar. Es imperativo que todo componente del sistema de salud en Puerto Rico asuma su responsabilidad de participación en el diseño e implementación y evaluación del modelo de servicios de salud pública en Puerto Rico en 2013. Para que sea un verdadero y real acto de democracia, la Junta Reguladora y Evaluadora debería de tener una composición del 50% del interés del gobierno y del 50% de la participación ciudadana.

El plan del Presidente Obama para celebrar un plebiscito sobre el estatus del pueblo de Puerto Rico con los EEUU es un hecho histórico al ser el primer Presidente de los EEUU de auscultar directamente el sentir del pueblo de Puerto Rico sobre nuestra relación y preferencias particulares para el estatus final de las relaciones entre ambos países. Procedimiento diseñado y ejecutado por el gobierno de Puerto Rico con la supervisión del Departamento de Justicia Federal para la clara definición de las alternativas. Esta acción del Presidente es lo más que se acerca a reconocer de parte del gobierno federal el derecho del pueblo de Puerto Rico a su auto-determinación política. Me pregunto, ¿cuántos populares se sorprenderán cuando el ELA la defina el Departamento de Justicia Federal? Muchos se darán cuenta de que no se nos reconoce como un país, sino como un bonche de habitantes de su territorio no incorporado. Nosotros no tenemos identidad propia para ellos allá en los EEUU. Nosotros somos un recuerdo presente a los EEUU de su pasado imperialista colonial y como tal se nos ignora como irrelevantes a sus circunstancias. Lo peor de todo es que nuestros representantes políticos han sido castrados con el carimbo colonialista con ausencia de una identidad común y consensual entre todos de ser todos puertorriqueños.

El problema mayor del Departamento de Educación es que es la agencia de empleos para adultos más grande en Puerto Rico. La educación de nuestros niños no es, ni nunca ha sido, la misión del Departamento. Por eso, tienen el guante de los federales en la cara. La competencia educativa no es necesaria para conseguir trabajo; sólo basta ser pana de algún político. El conflicto partidista controla la acción de día a día en el Departamento. Se obtiene buena evaluación del trabajo si se defiende a brazo partido las consignas políticas. Unos pro USA y otros, en contra. Nadie conoce de la misión de la educación, pues nunca se ha definido claramente. En el Departamento de Educación de Puerto Rico no es cuestión de teorías y tampoco de prácticas educativas confiables. Es cuestión principal de ser PPD, PNP, PIP y/o otros. El Departamento es el principal patrono en Puerto Rico. Junto a los trabajadores gubernamentales y los trabajadores del Departamento de Salud reciben en pagos el 31.2% del producto bruto nacional. El empleo gubernamental significa el 27.8% del empleo no agrícola en Puerto Rico. Los Departamentos de Educación y de Salud constituyen el 12.6% del empleo no agrícola en la Isla. La lucha por los empleos es una de carácter partidista e irrelevante de los criterios de méritos y calidades de servicios. Para sacar la política de los Departamentos de Salud y de Educación, habría que sacar a todo el mundo porque él que no tiene de dinga tiene de la mandinga tricolor. La lucha política es el día a día de sus personajes protagónicos. No es necesario reinventarlos; sólo es necesario llegar a unos consensos entre todos los caracteres envueltos en aras de la mejor educación y salud posible para el pueblo. Para eso es necesario resolver la cuestión del estatus de Puerto Rico porque esa es la máscara que se esconde la incompetencia e ignorancia sobre los procesos educativos y de salud de las distintas facciones en conflicto en los Departamentos.

El gobierno federal es el dueño legal del territorio de Puerto Rico y el fundamental contribuyente económico a su presupuesto. Las transferencias económicas del gobierno federal hacia el ELA constituyen el 25% de los ingresos totales de Puerto Rico. El Departamento de Educación está comprometido con que se cumpla con la ley "No Child Left Behind" y sus directivas y que se mejore la enseñanza del inglés para los habitantes de su territorio. Ni los legisladores, ni los maestros, ni los profesores dentro de la Universidad de Puerto Rico, ni en el Departamento de Educación tienen consensos programáticos para lograr los objetivos educativos. Tanto la UPR, el Departamento de Educación y el Departamento de Salud se caracterizan por una dinámica de conflicto perenne y falta de consensos en sus procesos decisionales.

Hay que olvidarse de que se dará una reforma para hacer la legislatura compuesta de legisladores ciudadanos que sean capaces de procurarse su sustento porque eso sólo fue una promesa de campaña política para ganar las elecciones. Ahora que están en el poder, se olvidan lo de ciudadano para seguir viviendo del gobierno y no para el gobierno. Ninguno puede llegar al consenso de que el legislador ciudadano primero es un ciudadano responsable que un legislador. No se puede esperar mucho de un país que carece de una identidad nacional consensual y la sobrevivencia está basada en la creación de conflictos continuamente.

La decisión del Tribunal Supremo de Puerto Rico al negar los derechos de adopción a una mujer por ser lesbiana es un disparate que viola los derechos constitucionales de esta mujer a la libre asociación legal. El bienestar del menor prevalece si se les protege los derechos constitucionales a la libre asociación legal a los adultos quiénes protegen al menor. Negar los derechos protegidos, tanto en nuestra Constitución como en la de los EEUU, a la libre asociación legal a cualquier y todo ciudadano es una violación a los derechos constitucionales de esa persona. El Tribunal Supremo en esta ocasión, con su decisión, será conocido como un violador de los derechos constitucionales de las mujeres lesbianas en Puerto Rico. La revisión de esta decisión que atenta contra los derechos constitucionales de un individuo debe de ser inherencia del Tribunal Federal de los EEUU en Puerto Rico. Los derechos de todos los seres humanos viviendo en esta sociedad deben de ser respetados, irrespectivo de sus preferencias sexuales. El modelo de matrimonio tradicional es el fundamentado en la religión y la creación de Adán y Eva. Sin embargo, otros creemos en que el origen de la humanidad está en las siete caras de EVA y sus respectivos DNAs. El origen de la humanidad está basado en el origen de la mujer. Así como lo exhibe Lucy en el Museo de Historia Natural en NYC. Los derechos de los seres humanos en esta sociedad deben de ser basadas en evidencia válida, confiable, empírica y científicamente y no en dogmas no validables.

Mis felicitaciones al Honorable Alejandro García Padilla. Esta se la apuntó correctamente. Su acción es congruente con la del Presidente Obama en los dos casos ante el Tribunal Supremo de los EEUU, relevantes al derecho de adopción y otros derechos constitucionales de las parejas bisexuales y homosexuales. En estos casos, Obama acudió como amigo de la corte y luego se le unió Microsoft y Google a favor de los derechos de todos los ciudadanos sin exclusión discriminatoria por orientación sexual. Intentan ante la Corte Suprema eliminar el disparate de que la definición legal de un matrimonio, institución básica y celular del sistema capitalista norteamericano, se limita a ser la unión de un hombre y una mujer. En estos casos se defiende la legalidad del matrimonio gay con todos sus derechos como ciudadanos viviendo bajo la protección de la Constitución de los EEUU. Pronto el Tribunal Supremo de los EEUU decretará anti-constitucional negar derechos constitucionales a ciudadanos meramente por su orientación sexual. Así que los 200,000 de fanáticos homofóbicos que marcharon en Puerto Rico contra los derechos de estos individuos se van a tener que tragar esto. Será un mandato constitucional no discriminar por razón de orientación sexual en nuestra sociedad. Y si alguno de esos marchantes es católico, le quiero decir que tiene el techo de cristal. Benedicto se fue porque el Vaticano se ha convertido en un centro de prostitución homosexual con los casos de abusos sexuales contra los obedientes seminaristas. ¿Quizás los seminaristas también comparten la personalidad de los colonizados en Puerto Rico? Bueno, ya es tiempo de eliminar el celibato en la congregación de fieles. Después de todo, muchos dicen que entre Jesús y Juan existía una relación homosexual.

Ni el comandante en jefe de la Policía de Puerto Rico está exento de cumplir con la ley federal Health Insurance Portability and Accountability Act (HIPAA) que protege los derechos civiles de los ciudadanos americanos a tener privacidad de sus asuntos de salud. Como todo patrono, el gobernador tiene que pedirle permiso al policía en cuestión para que lo autorice a tener acceso a sus expedientes médicos. Esto es una cuestión de derechos civiles. Problema por el cual la Policía de Puerto Rico enfrenta una demanda de parte de Justicia Federal por violaciones a derechos civiles de ciudadanos. Si comenten este dispárate de invadir la privacidad de los policías hacia sus documentaciones médicas, la demanda federal presente tendrá añadida la reclamación de los miles de policías por violación a sus derechos civiles y violación a HIPAA. Para así seguir sumando a la cifra de gastos y no de ingresos gubernamentales. Establecer una diferenciación discriminatoria contra los policías, quienes defienden el pago de los dineros por el pago de servicios rendidos y derechos adquiridos en sus contratos de trabajo, es una violación de sus derechos constitucionales. Como ciudadanos americanos, la Constitución de los EEUU le otorga el derecho al individuo a recibir pagos por su trabajo y contratos. Este es el problema fundamental del colonizado contento; acepta sin voz ni voto las leyes que los rigen, y ni siquiera muestran interés en conocer sus derechos civiles dentro de las estructuras federales. Esta es una actitud de sumisión y subordinación ignorante y obediente a ciegas.

Proyectos de restructuración fiscal del gobierno del ELA, presentados de manera extraordinaria, a última hora y sin desglose de sus descripciones de manera anticipada; eso es lo que es la propuesta reforma de retiro de maestros. Sólo unos pocos conocían su contenido previo a su presentación a la legislatura en su sesión extraordinaria. Ninguna discusión pública previa en los medios noticiosos que aparentemente desconocían el contenido de las medidas de restructuración fiscal propuestas por el ejecutivo, AGP. Eventos tan trascendentales para las vidas de todos los puertorriqueños presentadas con el máximo secreteo, sin trasparencia alguna, que hace pensar en la improvisación, o son órdenes de autoridades superiores. Una máscara más y otro chivo expiatorio más - los maestros - para encubrir la gravedad del problema fiscal del ELA, su anticipada muerte y su falta de solvencia económica para mantener vivo a todo el gobierno. Proponer medidas anti-constitucionales, como darle al ejecutivo el poder de legislar aumentos contributivos a su discreción y sin el balance de poder del legislativo, es llevarnos un paso más cerca de la monarquía del Rey Momo y a la dictadura de los populares. No se tienen respeto entre ellos mismos. Los PNPs son otros buscones de votos para derrotar al PPD en las próximas elecciones con su oposición a la reforma del retiro de los maestros. Bien saben por experiencia propia que la disminución de gastos gubernamentales es obligatoria para poder cerrar el déficit presupuestario y mejorar la liquidez y solvencia económica del gobierno. También saben todos que no será suficiente con la disminución de gastos de los maestros, sino que es muy posible que se avecinan despidos a nivel general en el gobierno; pues, la producción nacional sigue en contracción. La chatarra ya es una realidad para el crédito del ELA.

Que mucho homofóbico hay en Puerto Rico. La homosexualidad siempre ha existido en los seres humanos, en el reino animal y no es una enfermedad o desorden mental. El bestialismo y la pedofilia son desviaciones del impulso sexual normal y son considerados enfermedades y desordenes psiquiátricos. Todos nacemos con necesidades sexuales y la necesidad de contacto e intercambio de sexualidad entre humanos. La necesidad sexual no se limita a la reproducción. Si se limita el contacto sexual a través de la piel en un bebe, su desarrollo se altera hacia individuos poco sociales y con deficiencias en las relaciones interpersonales. La necesidad de intercambio sexual es una necesidad biológica, no una conducta aprendida. Lo que se aprende en base a los refuerzos positivos y negativos es la preferencia por el sujeto de satisfacción; hombre o mujer. En realidad todos nacemos con la capacidad de experimentar placer sexual con cualquiera de ambos sexos. Se aprende la preferencia hacia hombres o mujeres dependiendo cuán bien o mal nos va con determinado sexo. Indistinto de la preferencia de sujeto, tanto la heterosexualidad como la homosexualidad son expresiones normales de los impulsos sexuales del ser humano.

Vivimos una sociedad fragmentada en lucha y en conflicto perenne semejante a una guerra civil. El estilo autoritario y dictatorial permea la lucha infantil y troglodita de los partidos políticos. Nunca se llega a consensos para resolver los problemas vitales de nuestras vidas. Aparentamos ser una sociedad democrática sin en realidad serlo. Esto empieza por la práctica no democrática de los EEUU de no permitirnos razonable y justa participación efectiva e eficiente en la elaboración de las leyes que nos rigen. Ningún partido político en Puerto Rico se caracteriza por tener procesos democráticos en la toma de decisiones fundamentales para nuestras vidas. El conflicto tribalista partidista de los partidos políticos apoya la permanencia del colonialismo en Puerto Rico. Para todos ellos, no existe un consenso de que todos compartimos una identidad nacional indistinta de las líneas partidistas y de las preferencias por el estatus de las relaciones políticas entre Puerto Rico y los EEUU. El colonialismo justifica la pelea divisionista de los partidos políticos. Simultáneamente, la lucha conflictiva partidista justifica la presencia y la permanencia del colonialismo. La desaparición del colonialismo conlleva a la desaparición de los partidos políticos cuya única consigna es la de representar una fórmula de estatus. La imposibilidad histórica de no poder desarrollar una sociedad auto-suficiente económicamente ha causado un déficit en el desarrollo de la personalidad nacional puertorriqueña. Todos enfrentamos estos problemas acondicionados por el carimbo colonial creando conflictos y nunca consensos. Es necesario llegar a un consenso de identidad nacional para entonces proponer medidas que nos ayuden a todos como pueblo. Nos enfrentamos a la mayor confrontación histórica del desarrollo de un país democrático con las acciones recién tomadas por el Congreso de los EEUU para con Puerto Rico. El plebiscito propuesto por el Presidente Obama y auspiciado por el Congreso exige de un consenso entre los tres partidos principales para iniciar el proceso de descolonización en Puerto Rico. La falta de consenso entre los partidos refleja su endoso inconsciente y, a veces consciente, de la perpetuidad y continuación del colonialismo en Puerto Rico que está fundamentado en sus personalidades colonizadas. La transformación del ser colonial exige un consenso de todos en Puerto Rico para acabar con la colonia y su falta de democracia plena.

Capítulo Nueve

Ser o no ser Insularista

Número Nueve

La visión de mundo en este individuo es una de carácter provincial y carente de una visión global e internacional.

La dimensión número nueve se refiere a la perspectiva y visión del individuo hacia la comunidad mundial.

La personalidad colonizada se caracteriza por el individuo que:

Su visión de mundo es limitada y estrecha. No ve más allá de su realidad inmediata.

La personalidad no colonizada se caracteriza por el individuo que:

Su visión de mundo es global e internacional.

1	2	3	4	5
Visión de mundo Provincial	Visión de mundo insular	El mundo es P. R. y E. U.	El mundo es mas que P. R. y E. U.	Visión de mundo internacional y Global

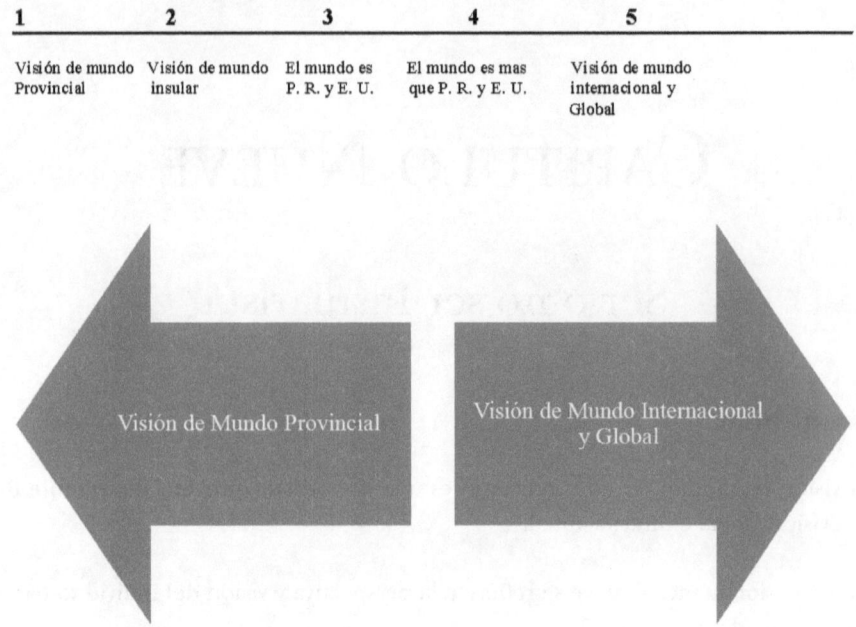

La fuga del capital financiero de Puerto Rico se da en función del estado colonial que vivimos con el ELA. El gobierno de Puerto Rico no tiene la última palabra para con las guías, regulaciones y leyes que rigen nuestra economía. El Congreso de los EEUU tiene la jurisdicción de ser la última palabra en las decisiones finales de nuestro futuro económico; esa es la realidad de la ley Jones. La pérdida de empleos en la economía por empleos remplazables exponencialmente, con las nuevas tecnologías, se compensa con esfuerzos eficientes y efectivos en mejorar la educación general del pueblo puertorriqueño. Hay que tener la finalidad de educar al individuo de manera que pueda competir globalmente en los campos llamados en inglés "STEM" - ciencias, tecnología, ingeniería y matemáticas. Las demandas de la nueva economía global exigen este tipo de competencia de cualquier nación que quiera un pedazo de la economía global.

La descolonización de Puerto Rico sólo es posible haciendo cambios al Tratado de París de 1898 y a la Ley de Relaciones Federales entre Puerto Rico y los EEUU. El primero dispone que Puerto Rico advenga a ser propiedad traspasada de parte de España hacia los EEUU por gastos de guerra. Los habitantes del territorio serían tratado de manera humanitaria y responsable por los EEUU; así se dispone en el Tratado. Este tratado nunca se ha modificado. Pues, nunca en nuestra historia los puertorriqueños hemos demostrado y hemos reclamado la capacidad de ser auto- sustentable de manera sostenible. Quien diga lo contario está soñando con pajaritos preñados. Con huertos caseros no se sostiene todo un país. Ningún líder ha demostrado la capacidad de combatir la dependencia en los puertorriqueños con el sustento del trabajo propio.

La libre asociación de Puerto Rico con los EEUU fue descrita por la portavoz de la minoría republicana en el Comité de Energía y Recursos Naturales del Senado, la Senadora Lisa Murkowski (R-Alaska). Ella aclaró que es una relación semejante a las Islas Marshall, Micronesias y Palau; todas independientes de los EEUU y recibiendo ayudas por un término de tiempo y con el desarrollo de un "Trust Fund" creado por los EEUU para que desde 2024 se constituyan como auto-suficientes. Tienen tratados de defensa por los EEUU y viven y visitan mutuamente sin necesidad de visas. Es independencia con estrecha relación con los EEUU definida por un compacto que puede enmendarse unilateralmente por ambas partes. La ciudadanía americana es remplazada por la puertorriqueña al momento de firmarse el compacto y los ciudadanos americanos viviendo en Puerto Rico pueden perder o no la ciudadanía americana. Esto es así puesto que la ciudadanía que tienen los que viven en Puerto Rico y que no nacieron en el territorio federado es ciudadanía por decreto de una ley del Congreso de los EEUU, la Ley Jones. El Congreso tiene el poder de cambiar sus leyes a su antojo. El que nace en el territorio federado tiene una ciudadanía por derecho constitucional, no de decreto de ley.

Tanto los legisladores Faz Alzamora como Vega Ramos no saben de lo que están hablando al referirse a un ELA soberano fuera de la cláusula territorial de la Constitución de los EEUU. O quizás se están haciendo los liberales y disidentes cuando, en realidad, son ignorantes de lo que significa ELA soberano no colonial, sinónimo de independencia. El ELA nunca será soberano si no es independiente. Deberían para su propio y personal conocimiento leer los contratos de libre asociación que tienen el Congreso con las Islas Marshall, Palau y las Micronesias. La Senadora Murkowski fue meridianamente clara en las vistas pasadas en el Comité de Energía y Recursos Naturales sobre Puerto Rico de que ELA Soberano es un país independiente de los EEUU con su propia ciudadanía y autoridad para regular todos sus asuntos.

Nelson Mandela es un buen ejemplo de un guerrero colonizado por muchos años y luchando con odio contra el colonizador por su libertad. Lo grandioso del inmortal Nelson Mandela es que en lugar de odiar y buscar venganza contra el colonizador y verdugo, lo aceptó y formó una sociedad integrada de lo que anteriormente fue una sociedad segregada por razones discriminatorias raciales. Puerto Rico tiene mucho que aprender con su ejemplo.

El Comisionado Residente en el Congreso, el Sr. Pierluisi, le hace un planteamiento al Presidente Obama de corte muy partidista pro-estadidad e injustificado, pues la colonia fue favorecida en noviembre 6 del 2012 por 828,077 votos mientras que la estadidad recibió 834,191 votos. Los colonialistas casi perdieron y los estadistas casi ganaron. El planteamiento justo para resolver la colonización en Puerto Rico es un referéndum donde el pueblo decida por la soberanía nacional versus la estadidad. Tenemos como pueblo y en consenso reclamar más poderes para los puertorriqueños versus el Congreso de los EEUU, ya sea con la soberanía nacional o la estadidad. Ya es tiempo de que esos que se llaman soberanistas, autonomistas e independentistas se unan para reclamar la soberanía nacional y la ciudadanía puertorriqueña. Veremos si el gas pela y somos capaces de llevar al éxito económico a Puerto Rico con la estadidad o la soberanía nacional. Hay que tener el poder de negociar con los EEUU y el resto del mundo.

Los tres chiflados, los partidos políticos, nuevamente en su acción acostumbrada, están entorpeciendo la comunicación directa del pueblo de Puerto Rico con el Congreso de los EEUU. ¿Cuál será la parte de la subordinación la cual ninguno parece entender? Todo Puerto Rico, incluyéndolos a ellos, estamos subordinados a su parecer; es una cuestión de soberanía y ellos la tienen actualmente sobre Puerto Rico. En otras palabras, es lo que últimamente ellos digan y no nosotros. En el momento que ellos digan, pueden reconocer la estadidad o la independencia o la libre asociación en sus términos. El embeleco de la asamblea de estatus es un intento desesperado de sus partes para aparentar lucir los partidos políticos relevantes en la discusión del estatus cuando no lo son ni lo han sido históricamente. Todos se dedican a entorpecer y nunca llegan a un consenso civilizado. En lugar de consensos, se dedican a crear conflictos. Ninguno sabe ni discute específicamente sus expectativas porque son ignorantes. Están todos tan asustados que no pueden llegar a un consenso para decidir, de una vez y por todas, que queremos estadidad o soberanía nacional. Algunos son colonialistas de ultranza y sumisión y desean continuar como colonia. Si decidimos nosotros el pueblo de Puerto Rico, de una vez por todas, y los callamos sobre ese tema permanentemente, podrán tener mejores discusiones y consensos en cómo desarrollar un plan maestro para desarrollar la economía de Puerto Rico hacia una auto-suficiente y competitiva a nivel global.

Bienvenida sea la chatarra del ELA. Ahora sabemos cuál es la verdad del estado fiscal de Puerto Rico. El PPD tiene una adicción a no producir y coger prestado que tiene carácter de emergencia crítica. Deben de estar pendientes en buscar las maneras de aumentar la producción nacional, no meramente los impuestos a pagar. Con la patente nacional, el estado está tomando carácter de gobierno socialista y no capitalista de libre empresa. Están actuando de manera desorientada y, como sumisos y subordinados resignados colonizados, sin un plan eficiente y efectivo que active la economía legal y disminuya la ilegal que nos lleve a crecimiento económico y hacia una economía auto-sustentable, sostenible y competitiva a nivel global. Ahora sólo tienen un camino a seguir después de la chatarra - restructurar la deuda. ¿De dónde sacarán el poder y la autoridad para hacer lo inevitable? Tendrán que decidirse por la soberanía nacional o la estadidad. Ahora veremos cuantos cantarán el Star Spangled Banner y no la Borinqueña.

¡Enhorabuena! El proyecto de ley S#2020 presentado por el Senador Demócrata, Martin Heinrich de New México y el Senador Demócrata, Ron Wyden de Oregón hace historia siendo el primer referéndum comprometedor con la aceptación de Puerto Rico como un estado de los EEUU. Hace historia pues es la primera vez que el Senado de los EEUU persigue escuchar la voz del pueblo de Puerto Rico sobre la invitación que haría el Congreso de aprobarse esta ley, al igual que el proyecto de ley HR#2000 presentado por el Honorable Comisionado Residente de Puerto Rico, el Sr. Pedro Pierluisi, para que Puerto Rico se convierta en un estado de los EEUU. El conflicto existencial planteado para el ser colonizado en Puerto Rico será decidir si quieren o no convertirse en el estado #51 de los EEUU. Estadidad, sí o no…ese es el dilema.

Capítulo Diez

Ser o No Ser Bilingüe

Número Diez

Para este individuo, el uso y el aprendizaje del idioma inglés no es parte integral de su educación.

La dimensión número diez: Se refiere al uso y aprendizaje del idioma inglés. También describe la aceptación por parte del individuo sobre la naturaleza dinámica del lenguaje.

La personalidad colonizada se caracteriza por el individuo que:

el idioma es de tipo estático y no reconoce en su educación la necesidad de aprender el idioma inglés.

La personalidad no colonizada se caracteriza por el individuo que:

usa y hace del idioma inglés parte esencial de su educación. El idioma es una entidad dinámica.

1	2	3	4	5
Rechazo al uso y aprendizaje del idioma inglés.	Acepta necesidad del idioma inglés.	Ambivalencia ante el idioma inglés.	Comienza uso y aprendizaje del idioma inglés.	Uso y aprendizaje del idioma inglés es esencial en su educación.

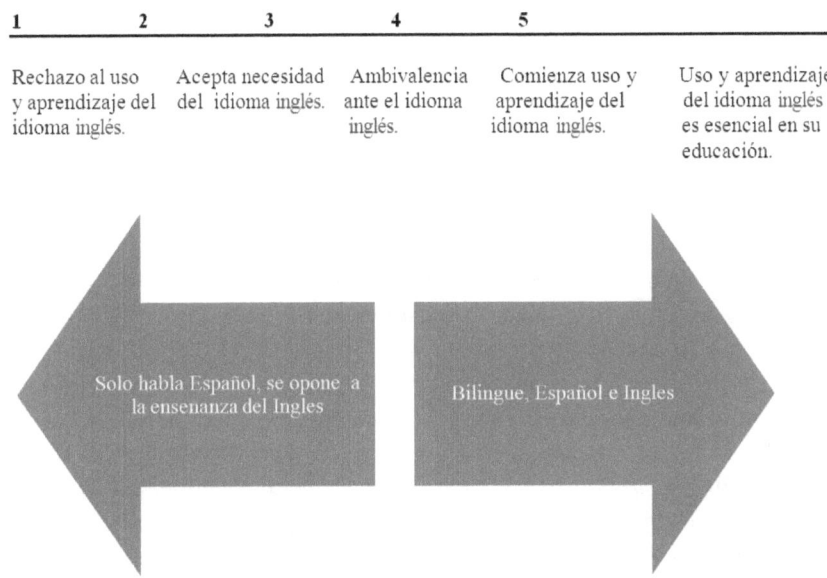

El ELA colonial tiene muchas más oportunidades de prevalecer ante cualquier otra fórmula descolonizadora para Puerto Rico en estos momentos. Primero, porque continuar con el presente status es neutral para el presupuesto federal. Segundo, es que los EEUU mantienen su título de propiedad sobre Puerto Rico, obtenido desde 1898 con el Tratado de París. Pero lo más importante es que hay muchos colonizados contentos en Puerto Rico que tienen orgasmos intelectuales con el ELA y no les urge el cambio. Les temen a los impuestos federales, a las regulaciones federales y al idioma inglés. Si fuéramos soberanos, compitiendo en negocios a nivel mundial, tendremos que hablar el inglés; el cual es el idioma oficial en el mundo de los negocios internacionales.

Desde Agosto 26 del 2013, con el artículo "Troubling Winds Over Puerto Rico" en la revista Barron's, los medios noticiosos norteamericanos continuamente describen a Puerto Rico en sus artículos. La razón fundamental es que de los $70 billones de deuda del ELA hacia los bonistas, 70% de los portafolios de inversiones han comprado los triples exentos de impuestos bonos del ELA. La pérdida de valor de los bonos y la posibilidad de no poder pagar la deuda afectará a muchos inversionistas en todos los EEUU. Mucho se dice y se comenta sobre Puerto Rico que él que no sepa inglés permanecerá ignorante ante las realidades de la nación que controla a Puerto Rico, los EEUU. Es sorprendente cuán ignorantes sobre las realidades de Puerto Rico es el público americano en general. Hay que reconocer que las revistas norteamericanas han sido instrumentales en poner al descubierto y al conocimiento público las realidades de Puerto Rico y de los puertorriqueños.

En los pasados meses, estas revistas en inglés han transformado la visión de millones de habitantes sobre Puerto Rico y sus realidades. A continuación y en inglés, les presentaré algunos de mis comentarios en distintas revistas, como The Hill, The Huffington Post y otras sobre la información difundida en estos medios noticiosos sobre Puerto Rico.

It is false that the Commonwealth of Puerto Rico is a foreign country and that it is self-governing. The term Commonwealth, in Spanish, "Estado Libre Asociado", has been falsely used since 1952 in Puerto Rico to describe Puerto Rico to the Puerto Ricans as a free state in free association with the USA, which is not a true and honest description of the present colonial subordinated status of Puerto Rico to the U.S. Congress. The Commonwealth is a euphemism for a colony in disguise in front of the international community, which openly and publically condemns the colonial status of countries around the world. The Commonwealth is a lie because in 520 years, Puerto Rico has never been an independent country. The people in favor of the Commonwealth always lie to the Puerto Ricans about the real, non-democratic and subordinated status, without just and fair representation of the Puerto Ricans in the U.S. Congress. The U.S. Congress has the ultimate word about the socio-political and governing status of Puerto Rico. Now the Pro Commonwealth Party comes with this wishful thinking, kind of magical, not in accordance to the U.S. Constitution new version, The New Commonwealth, with the right to veto U.S. Congress' laws. In spite of the fact that the president of the Energy and Natural Resources Committee of the U.S. Senate has publically expressed his opinion that this is not a viable solution, they insist on overriding the authority of Congress, but always in fear of getting what they are asking for - National Sovereignty over the U.S. Congress. They want to override the U.S. Congress, but without the responsibility of being an economically self-sustaining country. They want the federal money to continue to flow to Puerto Rico, but without any accountability to the IRS. It is false that 55% voted in favor of the Commonwealth (ELA). It is only 44% who favored the Commonwealth as it is now, as per the official numbers of the Puerto Rico Election Board. They have been instructed by President Obama that their alternative, the New Commonwealth, needs to meet the requirements of the U.S. Constitution, but they insist that excluding the New Commonwealth is a violation of their right for self-determination. They believe that they should have the last word regarding what is acceptable for the relationship between both countries. That sounds kind of like grandiose thinking, from my psychiatrist point of view.

Mr. Juan E. Hernandez represents the official position of his party (Partido Popular Democrático, PPD) which has a lack of definition and much ambiguity regarding the status of sovereignty which is their choice for the terms of the political relationship between Puerto Rico and the U.S. They do not say clearly and precisely what is that they want. Their official position is well known in Puerto Rico as "none of the above". For sure, they say they are not pro-statehood for Puerto Rico and at the same time, they say officially that they are against independence and national sovereignty. They talk about a permanent union with the U.S., but not as a state just in case they do not want the permanent union anymore and want to get out; contrary to all other states who believe "once in the Union, always in the Union". Paying federal taxes is another major issue for them. They want equal federal aid, as any other state; around $6 billion direct federal help sent yearly to the government of Puerto Rico, without paying federal taxes for individual income.

The plebiscite celebrated in Puerto Rico on November 6, 2012 shows an equal vote: 44% pro-statehood and 44% pro-present non-incorporated territorial status. The truth is that Puerto Ricans are in a conflicting state of mind, to be or not to be a subordinate of the U.S. Congress, as dictated by the Treaty of Peace of Paris of 1898 which was signed by the U.S. and Spain to end the Spanish- American War. For 520 years, the Puerto Ricans have only had a subordinated status to other countries; first Spain, and now the U.S. Puerto Ricans are subordinated to the U.S. Constitution under its territorial clause, the President, Congress, and the Supreme Court of the U.S. without equal and just representation in all of these bodies of power. It is time to decide between national sovereignty and statehood for Puerto Rico. It is time to stop these centennial conditions of blind, undemocratic present non-incorporated territorial status of submission and subordination without equal representation for the design of the laws that rule the lives of all the Puerto Ricans who, by the way, are American citizens that happen to live in Puerto Rico. Puerto Ricans must overcome the fear of change and finally embrace a decolonization process.

I wonder if the government of Puerto Rico is in any way concerned about not being able to have some control over the laws that regulate our economy, international commerce, transportation and monetary exchange. These laws are elaborated in the U.S. Congress and we abide by these laws without equal, fair and just representation of the Puerto Ricans living in Puerto Rico in the process of the elaboration of these laws. To which extent is the proposed enhanced commonwealth a petition for national sovereignty? What is specifically an enhanced commonwealth and in which ways will it increase the national production in Puerto Rico? Which is the master plan for development for Puerto Rico that the pro-commonwealth government is promoting? Are they advocating for the continuance of the current territorial colonial status of Puerto Rico or are they advocating for getting out of the territorial subordination of the U.S.? Are they advocating for national sovereignty? These questions need prompt responses because they are causally related to our poor national economic production.

The Washington Post and the President of the Energy and National Resources Committee of the U.S. Senate, Ron Wyden, have declared that the present uncertainty for the solution regarding a permanent definition of our status is causally related to Puerto Rico's present eight year economic recession. It's about time to start an open public discussion and educate the people about what everybody is specifically advocating for, be it national sovereignty or statehood for Puerto Rico.

In order to be honest with the results of the November 6, 2012 plebiscite held in Puerto Rico, we need to talk about the real numbers. There were 834,191 votes for statehood and 828,077 votes for the present territorial status. A difference of only 6,114 votes for statehood over the present territorial status does not state a clear majority or any specific mandate. The Pro-Statehood party still has a lot of work to do with the Puerto Rican people in order to obtain a clear majority and a mandate in favor of statehood for Puerto Rico. Confusion and ignorance in the general population and in all political parties are the rule. There is still a significant number of Puerto Ricans and the major party as a whole, the Pro Commonwealth Party, who lives in denial and do not accept the legal subordination of Puerto Rico to the U.S. They claim that the U.S. Supreme Court has dictated that is not a subordinated government in spite of the fact that there are no changes to the Treaty of Paris of 1898, which defines clearly the sovereignty of the U.S. over Puerto Rico. Behind this denial and obvious lie to the people of Puerto Rico, they hide the rejection to pay federal taxes for their personal income as well as more supervision and more accountability of the use of the federal financial help they receive. Getting federal monies without paying federal taxes and having no IRS on their backs is a deal difficult to give up, even when it means abdicating national sovereignty. Deciding for national sovereignty or statehood will require an increase in the national productivity by everyone working more. By having received these federal monies, the majority of Puerto Ricans have decided not to work and live dependent on state and federal assistance because with the low wages and high state taxes, they earn more money by not working. After 520 years of being financially supported first by Spain and now by the U.S., it is difficult to abdicate the present commonwealth status. This is the real reason why there is not a clear mandate for the decolonization of Puerto Rico. The present colonization status means living well, being supported by the U.S., not working, not being worried about paying federal taxes, or even attempting to become financially self-sufficient by having a competitive and productive economy.

During the past 520 years, Puerto Rico has never had a self-sufficient economy. It has always been dependent on financial help; first from Spain and, now for the past 116 years, from the U.S. A remarkable parallelism is the fact that during those same 520 years, Puerto Rico has never been a sovereign nation. In the same 520 years, the Puerto Ricans have never had effective, just and equal participation in the design of the laws that rule Puerto Rico and its people. These are facts, not opinions. Nevertheless, Governor García Padilla attended a public hearing of the Committee of Energy and Natural Resources of the U.S. Senate in August of 2013 and wrongly argued with the president of the committee, Senator Ron Wyden, that Puerto Rico is not a territory that belongs to and is subordinated to the U.S. Congress, based on the signed Treaty of Paris in 1898 by Spain and the U.S. to end the Spanish-American War. He is obviously in denial of the colonial nature of the relationship between Puerto Rico and the U.S. This government institutionalized lack of responsibility for the national financial self-support of Puerto Rico has been copied by the general population.

There is a 15.6% rate of unemployment in Puerto Rico. There is only 41% participation of the labor force and half of the population is dependent on state and federal assistance. Traditionally, government after government has been characterized by a populist philosophy of management where the candidate that offers to give the most wins the elections. The problem now is that those promises were not supported by real income or national production but with subsidies and loans in the manner of municipal bonds making now the ratio of national debt to Gross National Product almost 100%. With this reality, not too many people are willing to invest in Puerto Rico without the certainty that they will get their money back. Puerto Rico is a non-incorporated territory of the U.S. that does not control its own economy and the laws that regulate it. Most importantly, Puerto Ricans are group of people that have never in history been financially independent and competitive in the global market. For almost all of the past eight years, the Puerto Rican economy has been in a state of contraction. There has been no economic growth and, for the twelve months before November, 2013, the rate of contraction was over minus 5%.

Puerto Rico has been the crying baby in the bed of the U.S. for the past 116 years because the U.S. acquired the governmental sovereignty of the territory and the Puerto Rican people in 1898. Never during all these years of subordination to the U.S. Congress have the Puerto Rican people been allowed to express their feelings regarding the present subordinated colonial status. The one most responsible for accepting this submission and subordination is the Commonwealth Party, which benefits only a few families by offering federal tax exemptions and no accountability to the IRS. When the municipal bonds credit rating goes to junk, there will be no other way but to claim power and authority in order to modify our present economic situation which can only be attained by having national sovereignty or statehood for Puerto Rico. Welcome to the world of junk!

The results of the past plebiscite in Puerto Rico held on November 6, 2012 are not flawed, but rather confusing. They show the state of ignorance and confusion of the Puerto Ricans as to which are their real options and preferences for resolving in a permanent way, or not, their ambiguous, colonial subordinated status to the U.S. Congress in the so-called Commonwealth or Estado Libre Asociado. In Puerto Rico, of the three major political parties there is only one, the Pro Commonwealth Party, which has not decided the degree of sovereignty for which they advocate against the U.S. Congress. The Pro Independence Party and those for free association advocate for national sovereignty, Puerto Rican citizenship, and U.S. help to achieve their goals of financial and governmental sovereignty as well as economic self-sufficiency. The Pro-Statehood party wants to join the U.S. Federation of States and participate in equal, proportionate and just ways in the design of the laws that the U.S. Congress would enact and that would affect our lives directly. What is the "New Enhanced Commonwealth"? Is it independence and national sovereignty, or not? Nobody knows what the Pro Commonwealth Party in Puerto Rico wants; do they advocate for Puerto Rican sovereignty, Puerto Rican nationality, self-government and economic self-sufficiency, or not? It is about time that this party tells the people of Puerto Rico what exactly they stand for and what exactly they want for the future relations between Puerto Rico and the U.S.

Puerto Rico is a non-incorporated territory that belongs to the U.S. since the signing of the 1898 Treaty of Paris. Puerto Rico was a colony that belonged to Spain from November 19, 1493 until 1898. Puerto Rico has never been a sovereign nation. The people of Puerto Rico are under the sovereignty of the U.S. For the past 116 years, the U.S. Congress has never allowed the vote of the Puerto Rican people in a bilateral and democratic referendum, with both the people of Puerto Rico and the U.S. Congress participating. The U.S. Congress has always shown a lack of interest towards and rejection to hearing the voice of the people, but not the voice of the political parties of Puerto Rico regarding the discontinuance of the present subordinated colonial status of Puerto Rico. The U.S. Congress designs and implements the laws that regulate the lives of the Puerto Rican people without their just and proportional participation or representation. The U.S. Congress has the moral responsibility to honor the democratic right of the people of Puerto Rico to express themselves with a popular vote regarding the rejection of the present lack of sovereignty and their subordinated status.

Puerto Rico is in this 100% national debt to average personal income ratio because is not a sovereign nation; it is a non-incorporated territory that belongs to the U.S. according to the Treaty of Paris signed in 1898 and, as such, has no power or control over the laws that regulate the economy, monetary exchange, commerce or international trading - not even the transportation of goods between Puerto Rico and the world. This is the right time for the U.S. Congress to accept

Puerto Rico's national sovereignty over all of these fundamental elements that will determine the growth of the Puerto Rican economy. Congress needs to act by granting the power to control the laws that regulate the growth of the Puerto Rican economy to the Puerto Ricans. It can only be done in one of two ways: by granting Puerto Rico their national sovereignty or by incorporating Puerto Rico as the 51st state of the U.S. Only Congress has the legal authority to strike down the colonial status of Puerto Rico. Only Congress has the final word over everything that happens in Puerto Rico. The American people need to take a stance in favor of the de- colonization process of the people of Puerto Rico by the U.S., and they need to do it sooner rather than later.

There is not any common wealth in the Commonwealth of Puerto Rico. The Pro Commonwealth Party is a party that wants nothing but to remain a poor dependent colony of the U.S. They oppose statehood as well as national sovereignty for Puerto Rico. It is a party controlled by a few rich families that are scared of the IRS getting into their business. They have no interest in the well-being of the people as a whole; they are individually defending their own properties from federal accountability. The Commonwealth status was crafted in a Constitutional Assembly of Puerto Ricans in 1952 with only two of the three political parties participating. The Pro Independence Party refused to participate on the grounds that the final word for the definition of the commonwealth resides with the U.S. Congress and not with the people of Puerto Rico. The proposed definition by the Puerto Ricans of their Constitution was rejected by the U.S. Congress, modified, and then, a whole section which involved the rights of Puerto Ricans for health services as a constitutional right was stricken completely. Most importantly, it did NOT acknowledge the national sovereignty of Puerto Rico. The U.S. retained its sovereignty over Puerto Rico, as supported by the Treaty of Paris of 1898. At no time in the history of the 116 year relationship between Puerto Rico and the U.S., Puerto Rico has never had national sovereignty. The Pro Commonwealth Party consists of a bunch of liars who deny the territorial colonial status of the Commonwealth of Puerto Rico. They have said that they are a party of the center; but what they really want to do is keep receiving federal monies with no IRS accountability and not pay taxes for their individual income. They cannot officially or publically define the New Enhanced Commonwealth to the people of Puerto Rico because they know that it is not possible. Also, having a territory of the U.S. with veto power over the laws enacted by Congress goes against the U.S. Constitution. They continually hide this fact by wearing a mask against statehood because they know that their proposition has no chance to become a reality that is agreeable to the U.S. Congress. We deserve statehood and we will get statehood from Congress! The Pro Commonwealth Party will be up against the wall when Congress finally approves President Obama's proposal to celebrate, for the first time in 116 years, a referendum sponsored by Congress and under the surveillance of the Department of Justice so as to properly delineate the real and acceptable definitions for solving the present status relationship with Puerto Rico. They will realize that the proposed New Enhanced Commonwealth is an impossible dream.

There is not such an alleged division in the Commonwealth Party, PPD, between a group looking for more autonomy and others looking for the sovereignty of Puerto Rico over the U.S. The apparent division stems from the fact that there is no clear definition among the members of the party of what specifically an enhanced commonwealth means. Enhanced commonwealth is a proposition that has been declared to be against the U.S. Constitution. The PPD must decide if they want Puerto Rico to continue as a non-incorporated territory of the U.S., abiding to the sovereignty of the supreme power of the U.S. Congress, or not. The proposed autonomic enhancements to the commonwealth is asking the U.S. Congress to abdicate their sovereignty over Puerto Rico but, at the same time, continue with the present financial assistance of the federal government to Puerto Rico with less accountability for the monies given by the feds. The party is by itself a contradiction. In a General Assembly of their own party, they approved to advocate for a non-territorial solution to the status. Later, the Governing Board of the party disapproved their General Assembly by saying that they do not want national sovereignty outside the territorial clause in the form of a free association status. There is no such division in the party. The reality is that consensually they are not clear as to the extent of sovereignty they want if it means losing the present federal financial assistance to the territory. They want independence from the USA, but they want it financed with the U.S. monies; they call this "the best of both worlds".

The Puerto Rican government has no authority to restructure their national debt. The U.S. Congress has this authority because Puerto Rico is not a sovereign nation, but a non-incorporated territory that belongs to the U.S. with the signed Treaty of Paris in 1898. Once and for all the U.S Congress is in the obligation to allow the power to the People of Puerto Rico and its government to be able to negotiate the terms and condition of the debt by either declaring Puerto Rico a Sovereign nation or admit Puerto Rico as the 51th state of the Union.

It should be a matter of great shame and guilt to the U.S. government for having sovereignty over Puerto Rico and its people, based on the Treaty of Paris signed by Spain and the U.S. in 1898 to end the Hispanic American War. And, at no time in these past 116 years of this legal relationship with Puerto Rico, has the U.S. government ever allowed an effective, proportional and just participation of the Puerto Ricans into the process of designing the laws that rule their lives; that does not sound too democratic to me. Worse than that is the fact that during these past 116 years, the U.S. Congress has never sponsored a referendum surveying the people of Puerto Rico regarding the legal political status situation between the two countries. Puerto Rico has all the necessary qualities to be a great and extraordinary state of the U.S. It may be a small geographical area, but it is certainly an understatement to say that it is a beautiful and enchanting island after looking at it from land, sea and sky, and so full of intelligent and hospitable people. Puerto Rico, with its present crisis attributable to its colonial status and lack of powers to control the laws that rule the Puerto Rican people, confronts a criminality rate that is double the worst rate in the U.S., that of Chicago. Also, with the majority of the population not working and dependent on federal and state government aid, there is a national debt which is 90% of the GNP, or 70 billion dollars. There is also a lack of U.S. border control of drug trafficking from Puerto Rico to the U.S., which is a multi-billion dollar business that sends a significant amount of drugs into the U.S. due to lack of proper surveillance. Within the criminal rate, there were over 26 murders per 100,000 people in 2012. With Puerto Rico's high criminality rate and general state of economic and social emergency, it is imperative for the U.S. to acknowledge the rights of the Puerto Ricans for self-determination and to be heard in the U.S. Congress as to its preferences for the type of legal and political relationship it wants between the people of the USA and Puerto Rico for the first time in 116 years. The matter now here pertains to having some power for Puerto Ricans in deciding the laws of Congress that govern them and choosing the President who will rule over us all. It is about time for Congress to decide if they will grant statehood to Puerto Rico or not. It is for this reason that I support HR 2000 proposed by Honorable Resident Commissioner Pedro Pierluisi. If this referendum is granted, I will personally vote in favor of statehood for Puerto Rico, and it is my prediction that a surprising majority of Puerto Ricans will do the same. The ball is now in the court of the U.S. Congress.

Mis más sinceras felicitaciones a los Senadores Martin Heinrich (D- New México) y Ron Wyden (D-Oregón) por presentar el S#2020, proyecto de ley sobre Puerto Rico ante el Senado de los EEUU. Tienen el honor de pasar a la historia de Puerto Rico como honorables Senadores Descolonizadores de estos 520 años de colonización de Puerto Rico. ¡Bravo! Graciosamente, tengo que admitir que me equivoqué. Yo anticipaba que el proyecto "Estadidad, sí o no" iba a ser presentado por la Senador Lisa Murkowski (R-Alaska). Tenía la esperanza que fuera uno de tipo bipartita entre los Demócratas y los Republicanos. Ahora, la línea está claramente trazada en la arena entre Republicanos y Demócratas. Los Demócratas están inclinados hacia la estadidad para Puerto Rico. Ahora, falta que ver si los Republicanos están de acuerdo o no.

Honorable Senators Heinrich (D-NM) and Wyden (D-OR),

It is with great pleasure and heartfelt gratitude that I write this letter to you. I think that project S#2020, presented by Senator Heinrich and co-sponsored by Senator Wyden, regarding the decolonization of Puerto Rico is exactly what is needed so that, once and for all after 520 years of being a colony, Puerto Rico and its people may have the honor and the privilege of becoming the 51st state of the United States of America. I believe that in order to overcome the huge financial crisis that Puerto Rico is experiencing, they need direction and supervision from Congress. This will enhance the lives of the Puerto Rican people immeasurably. Finally they may have the chance to enjoy *all* the rights and privileges that being an American citizen means.

I was born in Puerto Rico, and in 1992, I migrated to New Bedford, MA where I have since been practicing Community Psychiatry. The majority of my patients are from Puerto Rico so therefore, my being bilingual and bicultural has allowed me to better serve my population. Since I maintain residences in Puerto Rico as well as Puerto Rico, I keep abreast of what is happening in Puerto Rico politically and financially on a daily basis. In fact, I have written a book about the "colonized personality" that exists within the Puerto Ricans after more than five centuries of being a colony. It is called "The Governor's Suits". I am also in the process of writing another book, this one in Spanish, whose title translates to "To Be or Not To Be...That is the Dilemma in Puerto Rico". This book further discusses the colonized personality of the people of Puerto Rico and how it affects them politically and financially as well as the difficulties they are having in deciding for statehood or independence. I hope that it pleases you that I have referred to both of you in my book as "The Great Decolonizers". You will go down in history as the first U.S. Senators to promote a plebiscite for the Puerto Ricans to decide if they would like to become the 51st state of the Union.

I would be very happy to keep in touch with you regarding this very important topic. Despite my busy schedule, I am readily available to further share my thoughts and perspectives regarding Puerto Rico and its much-needed decolonization. Please feel free to contact me at any time. I look forward to your feedback.

Respectfully,

Guillermo González, M.D.

MIS RECOMENDACIONES PARA FACILITAR LA TRANSFORMACIÓN EXISTENCIAL DE LA PATOLÓGICA PERSONALIDAD COLONIZADA HACIA UN ESTADO SALUDABLE DEL SER.

1. Tenemos que empezar por reconocer que todos somos puertorriqueños indistintos del partido político y la preferencia de estatus de las relaciones entre los EEUU y Puerto Rico. La nacionalidad puertorriqueña existe y no se puede negar; es como la mancha del plátano. Tenemos que salir de la negación de que el ELA es un ordenamiento socio-político de carácter colonial donde los puertorriqueños no participamos de manera justa y razonable en el diseño de las leyes que rigen nuestras vidas y que son elaboradas en el Congreso de los EEUU. Tenemos que aceptar que no tenemos poder de veto a esas leyes. El poder de veto a las leyes federales sólo se alcanza con la soberanía nacional. La estadidad para Puerto Rico tampoco ofrece el poder del veto a las leyes federales. La estadidad es una subrogación de la soberanía nacional ante la supremacía de la soberanía federal. Lo que ofrece la estadidad para Puerto Rico es una participación justa y razonable de la población de ciudadanos americanos residiendo en Puerto Rico en el gobierno federal quién nos gobierna unilateralmente y totalitariamente al presente. Como puertorriqueños, todos tenemos el reto existencial de decidirnos, de una vez por todas, por una solución permanente de las relaciones entre Puerto Rico y los EEUU. Ser un país soberano con la ciudadanía puertorriqueña y auto-suficiencia económica es una meta legítima y válida para el proceso de descolonización de Puerto Rico. Ser el estado #51 de los EEUU es también una meta legítima y válida para el proceso de descolonización de Puerto Rico. Vivimos en un limbo de existencia con una identidad dividida por el miedo a asumir las responsabilidades que la libertad exige.

2. La personalidad puertorriqueña es sub-desarrollada; es un proceso paralelo del sub-desarrollo de la sociedad colonial puertorriqueña. Se encuentra en las etapas primarias del desarrollo del ser humano. La dependencia, el infantilismo y la madurez caracterizan esta etapa del

desarrollo. El 25% de los ingresos de Puerto Rico provienen de los desembolsos del gobierno federal hacia Puerto Rico. Somos dependientes económica y políticamente a la madre metrópolis norteamericana. El 27.8% del empleo no agrícola en Puerto Rico son empleos gubernamentales y el Departamento de Educación y el Departamento de Salud constituyen el 12.6% del empleo no agrícola. Todos combinados hacen el 40.4% del empleo no agrícola. La dependencia al gobierno y a sus instituciones es gigante. El presupuesto gubernamental operacional del 2013 comenzó con un déficit de $2.2 billones. Esto es una clara definición de la dependencia del gobierno puertorriqueño hacia los inversionistas de Wall Street para completar su presupuesto operacional. Los empleados gubernamentales, los empleados del Departamento de Educación y los empleados del Departamento de Salud recibieron en pagos la cantidad de $31.6 billones en 2012; es equivalente al 31.2% del PBN. La vida de todos estos empleados depende de los impuestos pagados por el pueblo trabajador productivo puertorriqueño y las ayudas federales. Los partidos políticos dependen de la permanencia del estado del mantengo colonial. Todo es un círculo de dependencias que nos tiene atados a la colonia. El estado colonial es un estado de dependencia patológica de toda una sociedad. El ser maduro se transforma en un ser más independiente y capaz de establecer relaciones de mutua interdependencia.

3. El foco del control de la personalidad es una característica que diferencia discretamente dos tipos de personalidades. Una de ellas es la personalidad donde el foco del control del comportamiento es interno al individuo y la otra es la personalidad donde el foco del control del comportamiento es externo al individuo. Estos tipos de personalidades se conocen en psicología como la personalidad dependiente del contexto y la personalidad independiente del contexto. La personalidad colonizada es de carácter dependiente del contexto. Los 520 años de continua colonización en Puerto Rico es un proceso paralelo al desarrollo de la personalidad puertorriqueña. Las dependencias a las metrópolis, sus leyes y sus ayudas económicas nos han acondicionados a mirar para el lado para definir el comportamiento. La grama siempre es más verde en el terreno del vecino. Ningún partido político en Puerto Rico tiene un criterio propio de cómo sería Puerto Rico bajo la fórmula de estatus que ellos profesan. La falta de criterio propio la esconden con una fiera lucha infantil fratricida en espera del criterio externo del Congreso para definir los comportamientos a seguir. La ambigüedad de todas las definiciones es sólo falta de control interno del comportamiento y dependencia hacia el contexto. Es irónico que, habiendo el Congreso hecho claro de que

las soluciones descolonizadoras para Puerto Rico son sólo la soberanía nacional y la estadidad, continuamos en un ser de ambigüedad e indecisión. Lograr que el control de los comportamientos sea interno es un proceso muy difícil de realizar sin un proceso consciente de acciones dirigidas a formular juicios internos y propios por los cuales guiar nuestras vidas.

4. El materialismo histórico nos ofrece una perspectiva diferenciable y distinta del típico idealismo filosófico. Dentro de esta concepción filosófica, la evolución de las sociedades se visualiza como una dinámica interacción de estructuras sociales en continuos estados de cambios y de adaptación. La sociedad es un ser integral y único donde la economía de la sociedad es el fundamento de sus estructuras sociales en continuo cambio y adaptación. La cultura se visualiza como el cemento que une las estructuras dinámicas de la sociedad. Separar la cultura puertorriqueña de sus procesos económicos es una concepción de carácter idealista; típica der ser colonizado. La salud económica dicta la salud de la cultura. El adoctrinamiento idealista de la Iglesia Católica en Puerto Rico tiene mucho que ver con la visión idealista de la sociedad puertorriqueña. Este adoctrinamiento sirvió de placebo para tolerar el proceso de colonización en Puerto Rico iniciado por los españoles y la Iglesia cuando vinieron a Puerto Rico a rescatar las almas salvajes de los primitivos puertorriqueños. El idealismo religioso le ha servido al colonialismo como el opio del pueblo. Puerto Rico nunca ha sido una economía competitiva ni auto-suficiente. Es indispensable adoptar el ideal de convertirnos en una economía auto- suficiente y auto-sustentable. Recordando las palabras de Bill Clinton, "el problema es la economía, estúpido".

5. Puerto Rico tiene una de las tasas de participación laboral de las más bajas en el mundo; alrededor de un 41% al presente. Este ha sido un problema crónico e histórico en la Isla. El trabajador puertorriqueño no se siente dueño de su trabajo. La colonización es un proceso semejante a la esclavitud donde el esclavo y el colonizado no son dueños de su trabajo y propiedades. Puerto Rico es una posesión territorial de los EEUU desde el 1898 por virtud del Tratado de París. Los puertorriqueños no somos dueños de Puerto Rico. El Congreso es el dueño legal de Puerto Rico. Aparentamos de ser dueños con un control parcial de leyes subordinadas a leyes superiores de los dueños del circo colonial. El sentido de propiedad y empoderamiento del puertorriqueño está ausente. Esta frustración se transforma en una actitud negativa hacia la fuente de todo capital - el trabajo. El trabajo lo hizo Dios como castigo. Se dice, "el trabajo yo se lo dejo al buey" y "el bobo vive de su trabajo y el listo vive del trabajo

del bobo"; así reza el folclor popular. El ser colonizado necesita una transformación hacia visualizar el trabajo como la fuente donde se funda la estima personal. El trabajo es la fuente de todo capital y, sin el trabajo, la sociedad puertorriqueña no podrá sobrevivir en estos tiempos cuando el crédito del ELA está en chatarra.

6. La característica única de las sociedades primitivas es que sus habitantes viven en el presente con falta de clara conciencia del futuro y del pasado. El movimiento y los cambios en las sociedades primitivas es de carácter reactivo y no proactivo. El ordenamiento socio-político colonial es obsoleto y primitivo. En la colonia de Puerto Rico, los líderes actúan de manera reactiva y no proactiva a los problemas. Durante muchos años, las agencias acreditadoras nos han informado de la pobre calidad de nuestro crédito, de la enorme deuda nacional de $70 billones, de la alta tasa de desempleo que en diciembre del 2013 alcanzaba el 15.4%, de los déficit billonarios del presupuesto, de una economía en contracción por los pasados ocho años en alrededor de un 5.4%, de una tasa de participación pobre de alrededor de un 41% y de una reducción poblacional de alrededor de un 2% anual (emigraron de Puerto Rico 36,000 habitantes a razón de tres mil por mes). Administración gubernamental tras administración actúa de una manera reactiva cuando les llega el agua al cuello. Ninguno ha atendido estos problemas de manera proactiva con un plan de desarrollo de la economía de Puerto Rico hacia una economía auto-suficiente. Todos, en ausencia de este plan, actúan como mendigos y pordioseros profesionales dependientes de las dádivas y planes del Congreso para Puerto Rico. El proceso de descolonización nacional y la transformación del ser colonial hacia un individuo planificador exige que planifiquemos el futuro de Puerto Rico con capacidad de controlar nuestros procesos económicos y tener capacidad y poder para restructurar la deuda nacional que sólo se logran planificando el proceso de la descolonización de Puerto Rico hacia una nación soberana o hacia un estado competitivo de los EEUU.

7. Puerto Rico, en ausencia de poder real para controlar los procesos económicos de la Isla, ha jugado con su parcial y efímero control con una administración populista de corte cuasi-socialista - compravotos. Las leyes del capitalismo y sus fundamentos de la libre empresa son trastocados por el gobierno obstruccionista al desarrollo económico nacional. No se tienen una visión del todo y sus componentes. Pues, ese control de las estructuras y leyes del capitalismo es externo y reside en el Congreso. Nosotros jugamos con nuestra versión infantil del capitalismo que al presente se asemeja a un mini DACO. Desde los tiempos de LMM,

el sector público social está en guerra con el sector privado. Les llaman los colmillús y los atosigan con impuestos a doquier y, como si no fuera suficiente, les espetan una patente nacional. La negación de la realidad de la subordinación nacional se convierte en una reacción formativa de intimidación y amedrentamiento al sector privado. Se quiere probar a ellos de que no están subordinados al Congreso y lo pretenden esconder con los continuos actos de sometimiento y subordinación del sector privado ante el público gubernamental. Al lograr las Islas Marshall, las Micronesias y las Palau su libre asociación con los EEUU, el gobierno federal impuso la meta administrativa de revertir esta actitud negativa contra la empresa privada y dedicarse a promover el desarrollo de ella. En la colonia de Puerto Rico, se juega al capitalismo criollo populista de corte socialista porque no se conocen por vida y desarrollo propio la esencia del capitalismo y el respeto a la propiedad privada. El respeto a la propiedad privada y la meta de acumulación de capital por los individuos diferencian el capitalismo del socialismo. En el socialismo, el gobierno es dueño de la propiedad privada y la acumulación de capital le pertenece al estado. Nuestros gobernantes nunca han acumulado riquezas para Puerto Rico, sólo para sus bolsillos y sus allegados. El capitalismo se practica en Puerto Rico en una variación mutante resultado del proceso de colonización y la definición que hace del proceso la personalidad enfermiza del colonizado contento.

8. La democracia se fundamenta en la participación ciudadana. "Demos" y "Cracia" - "gobierno del pueblo". Puerto Rico no vive una democracia plena ya que los puertorriqueños no participamos de manera democrática en el sistema que nos gobierna - el gobierno federal. Nosotros no votamos para elegir el Comandante en Jefe de los ejércitos de los EEUU. Sin embargo, participamos y hemos tenido una función significativa en las guerras que se han envuelto los EEUU en estos pasados 116 años de relación entre Puerto Rico y los EEUU. Tampoco participamos de manera justa y representativa en la confección de las leyes que regulan nuestras vidas en el Congreso. El voto popular es el pilar de la democracia. Recientemente, el Congreso de los EEUU, a iniciativas del Presidente Obama, aprobó celebrar un plebiscito del voto popular para resolver de manera permanente el limbo colonial en que nos encontramos en Puerto Rico. Sin embargo, el PIP y el PPD intentan despojarnos del derecho al voto popular directo hacia el Congreso con el invento del chanchullo de una Asamblea de Estatus. El PNP también hace de las suyas con prácticas anti-democráticas con un referéndum de estadidad, sí o no, despojando del derecho al voto a todos aquellos que piensan que la soberanía nacional también es una solución viable y descolonizadora

contra la estadidad. Los principales impedimentos al desarrollo de la plena democracia son los partidos políticos y todos sus seguidores que cada cuatro años los ponen y mantienen en el poder. Todos pudieran manifestar madurez política permitiendo el voto popular del pueblo de Puerto Rico en la ley que el Congreso autoriza para la celebración de un plebiscito de estatus en Puerto Rico y poniéndose de acuerdo y en consenso con el lenguaje de la papeleta descolonizadora. Les recomiendo que empiecen a practicar algo que todos ellos desconocen - la democracia.

9. Los puertorriqueños nos creemos el ombligo del mundo mientras pensamos que somos un granito de arroz en el Mar Caribe. Esta actitud insularista minimiza el Ser. Esta ha sido la justificación de los colonizadores para justificar sus ansias imperialistas de expandir sus fronteras. Puerto Rico tiene un PNB mayor que 15 estados de los EEUU. Puerto Rico tiene una población mayor que 22 de los estados. Tenemos la capacidad productiva de ser competitivos si todos trabajamos y adquirimos control efectivo de los procesos económicos nacionales y las leyes que los regulan. Puerto Rico tiene una economía poco diversificada. La manufactura que constituye el 45.6% del PNB sólo aporta el 9% del empleo no agrícola en Puerto Rico. Los costos energéticos son más altos que ningún otro estado por su dependencia de un 60% hacia el petróleo y por ser un monopolio del gobierno al margen de la libre empresa y su competitividad y administrada por una cadre de políticos en continuo conflicto político en ausencia de los principios de eficiencia y efectividad que los deberían caracterizar. La política en Puerto Rico es un continuo engaño al pueblo. Decimos que aquí lo hacemos mejor. Lo pregonamos al mundo como la "Isla estrella", pero la realidad de la chatarra nos da una bofetada de realidad en nuestras caras. El ser colonizado debe de superar los complejos de inferioridad y aceptar que si asumimos las responsabilidades que trae la libertad con la soberanía nacional y la estadidad, podemos ser competitivos a nivel global.

10. Todos nacemos con una gramática innata que nos permite entender y aprender todo y cualquier lenguaje humano. Los idiomas son entes dinámicos y están en continua evolución y transformación. Aunque suenen y se oigan distintos, todos son simbólicos y despiertan en el individuo los mismos esquemas de experiencias sensori-motoras almacenadas en nuestros cerebros. El narcisismo individual nos hace creer que el mundo es distinto si sólo se habla español. En el mundo comercial global, el idioma inglés es el común denominador. Si no aprendemos y entendemos bien el inglés, nos estamos perdiendo la perspectiva del colonizador y la perspectiva de los negocios a nivel mundial. Los idiomas

son entes dinámicos que se transforman de día a día en las interacciones de las distintas culturas. El segundo idioma más hablado en los EEUU es el español. Este en su interacción con el inglés ha engendrado el "Spanglish". Es harto conocido en educación que el ser bilingüe expande el campo de acción y la visión de mundo del individuo. El ser bilingüe en español e inglés sirve de empoderamiento del pueblo de Puerto Rico ante el colonizador norteamericano y ante la competitividad de la economía global.